Muldenland

Fotos Gerhard Weber
Text A. Peter Bräuer

VEB F. A. Brockhaus Verlag
Leipzig

Einband: Am Lastauer Burgberg vorbei fließt die Zwickauer Mulde

ISBN 3-325-00133-5

2. Auflage
© VEB F. A. Brockhaus Verlag Leipzig, DDR, 1988
Lizenz-Nr. 455/150/66/90 · LSV 5219
Lektorat und Bildauswahl: Ingrid Ritter
Kartenredaktion: Rüdiger Thomas
Kartenzeichnungen: Gerhard Pippig
Einband: Dietmar Kunz
Typografie: Claus Ritter
Printed in the German Democratic Republic
Gesamtherstellung: Grafische Werke Zwickau III/29/1
Redaktionsschluß: 31. 8. 1989
Bestell-Nr. 586 628 9
02000

Auf unseren Wanderungen und Eisenbahnfahrten durch das Muldenland haben wir versucht, es neu zu entdecken. Die wechselnden stimmungsvollen Impressionen eines ganzen Jahres sind festgehalten. Nicht nur die landschaftliche Schönheit im Frühling und Sommer hat uns bezaubert, auch Nebel- und Regentage sind eingefangen, der Herbst mit seinen leuchtenden Farben, der Winter mit Rauhreif und Schnee.

Wie die Mulde Dörfer und Städte berührt und miteinander verbindet, wie mit ihrem Wasser Talsperren gespeist, Felder und Wiesen bewässert, Siedlungen und Betriebe versorgt werden, das alles hat uns tief beeindruckt. Und vor allem haben wir bestätigt gefunden, was schon Theodor Fontane nach ausgedehnten Wanderungen bemerkte: »Das Beste aber, dem du auf deinen Reisen begegnen wirst, das werden die Menschen sein...« Dort, wo uns Menschen, Landschaft und Geschichte am eindrucksvollsten berühren, wollen wir nun in Wort und Bild verweilen.

Die Mulde

Der Name Mulde ist einer der ältesten unter den geographischen Bezeichnungen und könnte einst aus dem Wortstamm -xmel, zerreiben, gebildet sein. Im Jahre 836 finden wir sie in Urkunden zum ersten Mal erwähnt, 965 dann als Milda und Moldawa, 991 liest man Moldaha, wobei sich die slawische Namensform Moldawa durch Aufzeichnungen des arabischen Händlers Ibrahim ibn Jaqub überliefert hat. Das Wort Mulda, als eine aus dem Altsorbischen entlehnte Form, kommt erst ab 1118 vor. Aus der Deutung des Muldennamens wie die Zerreibende, die Mahlende darf man vermuten, daß er am Unterlauf des Flusses aufgekommen sein mag. Von hier aus, wo sich die Mäanderbildung am stärksten zeigt, wird sein Name mit zunehmender Besiedlung stromaufwärts gewandert sein.

Wasser, im Altertum als eines der vier Weltelemente betrachtet, entspringt der Tiefe unserer Erde und verläßt als kleines Rinnsal die Quelle klar und rein, fast lautlos. So unscheinbar, mit spielerischer Leichtigkeit Stein und Strauch umspülend, windet sich auch das Quellwasser der Mulde durch Wiesen und Wälder, schlängelt sich in unzähligen kleinen Bogen an hinge-

lehnten Hügelhängen vorbei oder stürzt mitunter eilig zu Tal. Kaum ein Lüftchen bewegt sich in dieser sommerlichen Morgenstunde, wo Sonne und Licht den Glanz verleihen, der die Schönheit des Wassers erst vollkommen macht. Mensch und Natur empfangen in gleicher Weise von diesem Reichtum; überhastete Geschäftigkeit weicht der in Ruhe gesammelten Kraft.

So wie alles Neugeborene zunimmt und kräftiger wird, so schwillt auch der Muldenbach auf seiner Lebensfahrt durchs Land zum Fluß an mit dahinströmender Zielstrebigkeit. Eben noch ruhig fließend, kann das Wasser über Nacht aus seinem Bett treten. Tag um Tag, Jahr um Jahr bleibt das Wasser verströmendes, lebensspendendes Element.

Sächsische Flußlandschaft

Jenes Gebiet, das wir heute unter Sachsen verstehen, einst hervorgegangen aus der im Jahre 968 gegründeten Markgrafschaft Meißen, grenzte erst der Wiener Kongreß zu Beginn des 19. Jahrhunderts politisch und geographisch ein. Dieses Territorium umfaßt mit einigen Abweichungen die Bezirke Leipzig, Karl-Marx-Stadt und Dresden im Südosten der DDR, ein Gebiet, das von der Mulde durchflossen wird; die Muldentäler bestimmen auch das sächsische Landschaftsbild mit. Sie ist der bedeutendste Fluß des nordwest-sächsischen Gebietes. Weniger bekannt und gerühmt als die große Elbe, auch nicht so oft besungen und beschrieben wie die Saale, fließt sie geographisch gesehen zwischen beiden als linker Nebenfluß der Elbe von Süden nach Norden. Und überall verbindet sich die Natur ihrer Flußtäler mit dem Streben und Schaffen des Menschen, prägen Vergangenheit und lebendige Gegenwart ein neues Gesicht.

Die Mulde wird gebildet aus den Quellflüssen Zwickauer Mulde mit 128 Kilometern Länge und Freiberger Mulde mit 107 Kilometern Länge, deren Wasser sie einschließlich ihrer Nebenflüsse aus dem gesamten mittleren und westlichen Erzgebirge sowie den östlichen Teilen des Vogtlandes mit sich führt.

Auf Sermuther Flur, unterhalb von Colditz, fließen beide zusammen. Hier beginnt die vereinigte Mulde ihren Lauf, bis diese schließlich nach 124 Kilometern bei Dessau in die Elbe mündet. Die Flußtäler verändern sich entsprechend ihrer geographischen Lage. Sanfte Höhenzüge wechseln sich mit weiten Niederungen ab, schroffe Felswände mit tiefen, romantischen Schluchten. Wie eine Lebensader durchzieht das Wasser das sächsische Hügelland, das der Nordrand des Osterzgebirges zwischen Nossen und Hainichen und der Rabensteiner Höhenzug zwischen Karl-Marx-Stadt, Hohenstein-Ernstthal und Glauchau im Süden begrenzt. Nach Wurzen und Eilenburg tritt die Mulde in eine weite Auenlandschaft, die teilweise eine beachtliche Breite von drei Kilometern erreicht und zur Leipziger Tiefebene gehört.

Von der Besiedlung in den Flußtälern

Schon im 10. Jahrhundert wurde das Lößgebiet nördlich der Freiberger Mulde dicht besiedelt. Die westlich der vereinigten Mulde und südlich der Freiberger Mulde von einem geschlossenen Wald bedeckten Hochflächen gehörten zu dem vom Erzgebirge herabreichenden sogenannten Miriquidi. Im Zuge der deutschen Ostexpansion drangen deutsche Feudalherren auch in das Gebiet der Mulde vor; sie sicherten ihre Machtpositionen an den vorteilhaften Flußstraßen und seinem Uferland durch Burgwarte und Burgen. An der Zwickauer Mulde entstanden erste Heeres- und Handelsplätze. Zwar sind hier die kriegerischen Auseinandersetzungen längst nicht so heftig und häufig wie an der Elbe gewesen, dennoch galt die Mulde mit ihrem näheren Uferraum gewissermaßen als Grenzgürtel. Seit 981 trennte sie das Bistum Merseburg von dem Bistum Meißen. Was die Burgen längs der Elbe als Hüter und Wächter nach Osten zu erfüllen hatten, oblag denen längs der Mulde nach Westen. Die vielschichtigen Entwicklungen, die sich in den folgenden Jahrhunderten gerade in der Nachbarschaft der Mulde vollzogen, haben auch den Muldenlauf mitgeprägt. An ihn ist die wechselvolle Geschichte seiner Burgen und Schlösser gebunden: Isenburg, Stein, Hartenstein, Wildenfels, Zwickau, Glauchau, Waldenburg, Wolkenburg, Rochsburg, Wechselburg, Rochlitz, Colditz, Grimma, Trebsen, Wurzen. Auf Freiberger Muldenflur die an einem wichtigen Straßenschnittpunkt

gelegene Burg Nossen, die Feste Döbeln und Kernburg Mildenstein von Leisnig.

Sie alle hatten solche Plätze zu schirmen, wo Handel und Wandel den Strom von beiden Seiten erreichten, Landstraßen durch Muldenfurten weiterführten. Mit großer Planmäßigkeit entwickelten sich aus den kleinen Handwerker- und Kaufmannssiedlungen die Städte.

Über die Muldenflößerei

Die Nutzung des Wassers durch den Menschen mag so alt sein wie die menschliche Gesellschaft. Waren doch die Wasserläufe schon immer von größter Wichtigkeit für das menschliche Leben, Nahrungsquelle und Transportweg. Auch den Wasserlauf der Mulde nutzten die Menschen als natürliche Wasserstraße, auf ihr wurde der Holzreichtum des Erzgebirges als Bau- und Brennholz ins Niederland herabgeflößt und damit ein schwunghafter Handel getrieben, dessen wirtschaftliche Bedeutung enorm war. Die Muldenflößerei fand bereits 1275 ihre erste urkundliche Erwähnung und ist die bis ins 19. Jahrhundert praktizierte Art des Holztransportes auf der Mulde gewesen. Das Dorf Muldenberg an der Zwickauer Mulde verdankt sogar seine Entstehung um 1580 einzig und allein der kurfürstlich-sächsischen Flöße. Obwohl im 16. Jahrhundert die Holznot im Gebirgsvorland mehr und mehr zunahm, blieb der Holzreichtum der Schönecker Wälder auf Grund vieler Transportschwierigkeiten noch unangetastet. Das änderte sich im 17. Jahrhundert, als man die Schönecker und Muldenberger Gebiete in das Floßgrabennetz einbezog und auch die Sachsengrunder Wälder mit erfaßte. Neben der Elsterflöße entstand nun die Muldenflöße und die Flöße auf der Großen Pyra. Über die Muldenflöße wurden hauptsächlich die Bergstädte Zwickau und Schneeberg mit Holz versorgt, während die Elsterflöße das niedere Vogtland belieferte. Weil aber die Muldenflößerei ein weitaus besser zu nutzendes Waldgebiet hinter sich hatte, wurden beide Flöße bald miteinander verbunden.

Am Höhenzug Grünbach – Muldenberg, der die natürliche Wasserscheide zwischen der Göltzsch und der Mulde bildet, sprengte man 1579 den oberen Floßgraben heraus. Neun Jahre später schloß Kurfürst Christian I. einen Vertrag mit der Stadt Halle ab, worin er bis 1598 jährlich 15 000 Klafter Holz, das sind 525 000 Kubikmeter!, an die Saale geliefert haben wollte, um die dortigen Salinen weiter betreiben zu können. Im wahrsten Sinne des Wortes über den Berg gebracht, gelangte das Floßholz schließlich nicht nur nach Halle, sondern auch nach Merseburg, Lützen, Pegau und Zeitz.

An der Freiberger und der vereinigten Mulde waren nach Johann Kamprads »Chronika« der Städte Leisnig und Colditz aus dem Jahre 1753 »die Flößer befugt 3. Sonnen-Scheine«, also drei Tage lang, ihre Ladung in Leisnig feil zu halten. Danach steuerten sie auf direktem Wege nach Grimma, denn weiter durfte nur in Notzeiten geflößt werden, so vor allem nach den Wurzener Stadtbränden von 1519 und 1637.

Für Grimma bestand seit alters das Privileg des Stapelrechts. Oberhalb von Colditz und im Bereich des heutigen Floßplatzes in Grimma befanden sich große Sammel- und Stapelplätze für das Flößerholz, wie diese beiden Muldenstädte überhaupt den lebhaftesten Handel mit Flößerholz in Nordwestsachsen betrieben. Die Flußfahrten vom Gebirge bis nach Grimma dauerten je nach Jahreszeit und Wasserstand vier bis acht Tage. Auf großen Pferdefuhrwerken gelangte das Holz von hier aus unter anderem bis Leipzig. 1721/22 trafen in Grimma beispielsweise 135 Bollwerke und 285 Flöße ein. Waren Stämme und Bretter zu einem Fahrzeug verbunden, nannte man es Bollwerk, bestand es nur aus Brettern, so hieß es Floß.

Bis Leisnig konnten die Bretter und Stämme nach Belieben verkauft werden. Aber nach der Fischendorfer Brücke hatte die Ladung unverzüglich auf den Grimmaer Brettermarkt zu gelangen. Eine kurfürstliche Flußordnung von 1612 regelte »Brauch und Gewohnheit des Muldenstrohms« und verwies darauf, daß nachts die Flößerei zu ruhen hatte. In Leisnig entlohnte man die Floßknechte. Bis Grimma genügten neben den Meistern ein bis zwei Hilfsarbeiter, und auf Schusters Rappen ging es dann von Grimma aus ins Erzgebirge zurück.

Das meiste Holz kam aus den waldreichen Ämtern Lauterstein, Wolkenstein und Augustusburg über die Flöha und Zschopau in die Mulde. Im Jahre 1863 fuhr das letzte Muldenfloß zu Tale.

Die Zwickauer Mulde

Die Milda occidentalis, wie sie alte Urkunden nennen, beginnt ihren Lauf in der Kammregion des Westerzgebirges, nahe der kleinen obervogtländischen Stadt Schöneck. Zwei Bäche, die Rote Mulde und die Weiße Mulde, bilden die Quellen der Zwickauer Mulde in rauher Mittelgebirgslage von annähernd 800 Metern über dem Meeresspiegel.

Das Quellgebiet der Roten Mulde liegt zwischen Tannenhaus und dem Sägewerk Schöneck in den sogenannten Lehmgruben, von wo aus der Bach in östliche Richtung zur Talsperre Muldenberg fließt. Das der Weißen Mulde befindet sich in den Wiesen des Ortsteils Kottenheide. Dieser Bach strebt nördlich durch den oberen und unteren Weißmuldenteich gleichfalls in die Muldenberger Talsperre, die zwischen 1920 und 1925 gebaut wurde. Etwa einhundert Meter vor der Sperrmauer vereinigen sich beide Bäche, um nach der Talsperre als Zwickauer Mulde ins Land zu strömen.

Südwestlich von Zwickau, in einem tiefen, schützenden Talkessel an der Mündung des Schwarzwassers in die Zwickauer Mulde, liegt der Hauptort des Westerzgebirges, die über 34 000 Einwohner zählende Stadt *Aue*. Hier grub man im 16. und 17. Jahrhundert Zinn-, Eisen-, Kobald- und Wismuterze. Veit Hans Schnorr gründete 1635 das erste sächsische Blaufarbenwerk, das später in der Wismutproduktion ein Weltmonopol erlangte. Als 1698 Kaolin gefunden wurde, lieferte die Weißerden-Zeche St. Andreas, ihr Huthaus steht noch, bis 1855 den begehrten Rohstoff für die Porzellanherstellung nach Meißen.

Einen Mann, namens Lotter, verzeichnet auch das Reformationszeitalter aus Aue. Er druckte Martin Luthers 95 Thesen. Überquert man die mächtige Spannbetonbrücke, sie war die erste ihrer Art in Deutschland, so kann man von hier aus die Stiftskirche des ehemaligen Augustiner-Chorherren-Stifts »Klösterlein« sehen, dessen 1173 erfolgte Gründung auf den Staufenkaiser Friedrich I. zurückgeht. Der Hoch-Zeit dieses klösterlichen Besiedlungsvorhabens verdankt die heutige Kreisstadt ihr Entstehen.

Brücken haben dabei von jeher eine große Rolle gespielt. Mehr als ein Dutzend verbinden gegenwärtig die im Talgrund gelegenen Ortsteile. 1635 erscheinen zwei

Holzbrücken im damaligen Stadtsiegel, und bis auf den heutigen Tag führt Aue zwei übereinander angeordnete goldene Holzbrücken auf blauem Grund im Stadtwappen. Jede Brücke trägt zwei gezackte rote Fähnchen und im Schildfuß silberne Flußwellen der Mulde. Somit findet selbst das Wasser der Mulde heraldische Symbolkraft.

Seit 1945 prägt die volkseigene Industrie das Gesicht der Stadt: das Halbzeugwerk Auerhammer, die Nickelhütte, der Werkzeugmaschinen- und Textilmaschinenbau, die Besteck- und Silberwarenwerke und die Damastweberei, um nur einige zu nennen. Am Zeller Berg und auf dem Brünlasberg sind moderne Wohnstädte entstanden. Das Kulturhaus »Ernst Thälmann« und das Naherholungsgebiet am Heidelsberg, wo alljährlich das »Fest des Liedes und des Tanzes« stattfindet, gehören zu den geistig-kulturellen Zentren.

Schon auf dem Zwickauer Kreisgebiet nähern wir uns in waldreicher Umgebung der kleinen Stadt *Hartenstein.* In einem Seitental und im Tal der Zwickauer Mulde gelegen, wird es ob seiner landschaftlichen Reize vielfach als »Perle des Muldentales« gepriesen. Tatsächlich stehen wir beeindruckt in diesem Städtchen, wo am 5. Oktober 1609 der spätere Dichter, Patriot und Arzt Paul Fleming das Licht der Welt erblickte. Ihm zu Ehren ist die ehemalige Kirchgasse, in der das Geburtshaus steht, in Paul-Fleming-Straße umbenannt; und auf dem Ernst-Thälmann-Platz, dem früheren Markt, erhebt sich seit 1896 das überlebensgroße Bronzedenkmal des Lyrikers an der Stelle, wo das 1889 abgebrannte alte Rathaus einst stand. Im Burgmuseum Stein, das zu Hartenstein gehört, kann sich der Besucher über das literarische Schaffen dieses bedeutenden Wegbereiters der deutschen Lyrik informieren. Dort, wo der Thierfelder Bach in die Zwickauer Mulde mündet, wird der junge Fleming oft geweilt haben. Auf einer Orientreise gedenkt er später in elegischen Versen seiner Heimat:

»Ach, daß ich mich einmal doch wieder sollt erfrischen an deiner reichen Lust, du edler Muldenfluß, wo du so sanfte gehst in bergichten Gebüschen, da du mein Hartenstein mir gab den ersten Kuß...«

Bevor wir Hartenstein verlassen, sei noch die durch den sächsischen Prinzenraub von 1455 bekannte Prin-

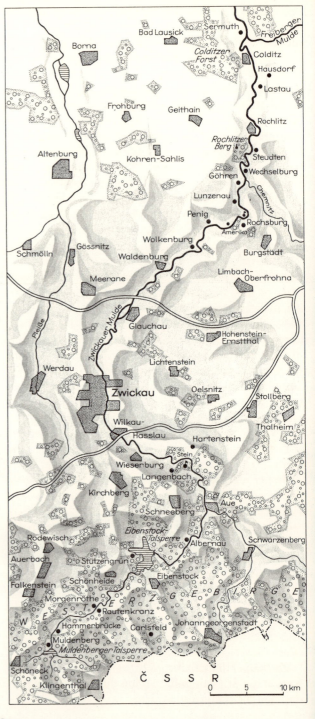

zenhöhle erwähnt. Zu einem Zeitpunkt, wo Kunz von Kaufungen schon »in gefängliche Haft gebracht« war, suchen Wilhelm von Mosen und Wilhelm von Schönfels, die Prinz Ernst noch gefangen halten, »in dem Walde nahe bei der Mulde, über dem Schlosse Stein« Zuflucht. Gemeint ist die Steinkluft, der der Volksmund den Namen Prinzenhöhle gegeben hat. Über den vergeblichen Versuch, bei Kurfürst Friedrich dem Sanftmütigen Geld einzutreiben, ist in »Plagium Kaufungense . . .« von Johann Vulpius nachzulesen. Vorbei an Wildenfels, wo einst der Dichter und Soldat Ewald von Kleist weilte, dem Lessing in der Gestalt des Tellheim ein unsterbliches Denkmal setzte, breitet sich vor uns eine weite Talaue am Westufer der Zwickauer Mulde aus.

Vor uns liegt die Stadt, die unserem Fluß das Attribut zum Namen gab: *Zwickau*. Über ihre Entstehung und Bedeutung hat man sich »ehedem den Kopf ungemein zerbrochen«, wie der Stadtchronist Dr. Emil Herzog in einem zweibändigen Werk meint. Uns genügen Philipp Melanchthons Worte, der 1548 schrieb: »Eine Perle in diesen Landen ist Zwickau von jeher gewesen, weil es über Zucht und Sitte mit größerer Strenge wacht als die meisten anderen Städte, und weil es fruchtbar ist an Talenten und viele Bürger gehabt und noch hat, die durch ihre Bildung so hervorgegangen, daß sie ganz Deutschland zur Zier gereichen. In Kunst und Technik übertrifft Zwickau alle Städte dieser Lande.«

Diese Sätze muten recht überschwenglich an. Tatsächlich ist in Zwickau, damals die größte Stadt Kursachsens, das reiche Kulturerbe jener Zeit geprägt durch Männer wie Georgius Agricola, dem wir in Glauchau wiederbegegnen werden und der an der Lateinschule lehrte, Paul Rebhuhn, den Verfasser von Dramen nach antikem Vorbild, und Peter Breuer, den berühmten Bildschnitzer, der von 1504 bis zu seinem Tode 1541 unvergängliche Kunstwerke schuf. Er ist vermutlich 1472/73 hier geboren. Im Dom zu St. Marien steht neben dem von Michael Wolgemut, dem Lehrer Albrecht Dürers, gemalten Flügelaltar auch die ergreifende Marienklage (Pieta) aus Peter Breuers Werkstatt.

Zu Maria Himmelfahrt 1520 besteigt ein Prediger die Kanzel der St. Marienkirche, um mit zündender Rede die Knechtschaft der Armen zu geißeln. Elf Mo-

nate nach seiner Antrittspredigt verläßt Thomas Müntzer die Muldenstadt. Sein letztes Gehalt quittiert er nach der Unterschrift mit dem Vermerk: »qui pro veritate militat in mundo« – der in der Welt für Wahrheit kämpft.

Diese Worte sind auch symbolisch für spätere Jahrhunderte. Inmitten der Stadt liegt Schloß Osterstein, das einstige Zwickauer Stadtschloß. Hier waren 1874/75 sowie 1886/87 August Bebel und 1904 Rosa Luxemburg inhaftiert. Gleich zu Beginn des »Tausendjährigen Reiches« wird Osterstein Konzentrationslager. Zu den ersten Opfern gehört der Sekretär der KPD-Unterbezirksleitung Martin Hoop. Er wird in der Nacht vom 10. zum 11. Mai 1933 im KZ Osterstein von der SS ermordet.

Wegweisend für die Entwicklung der Industrie ist unter den führenden Großbetrieben Zwickaus heute der VEB Sachsenring mit seinem Haupterzeugnis, dem Personenkraftwagen »Trabant«. Bedeutende Kulturstätten sind die Bühnen der Stadt, das Städtische Museum, die in den achtziger Jahren des 15. Jahrhunderts gegründete Ratsschulbibliothek mit einer wertvollen Inkunabelsammlung und das zur Nationalen Gedenkstätte erklärte Robert-Schumann-Haus. Von hier aus durchdringt die Musik des hochromantischen Komponisten, der am 8. Juni 1810 in Zwickau geboren wurde, das einheimische Konservatorium, die Konzertsäle bei Internationalen Robert-Schumann-Wettbewerben – die ganze musikalische Welt. Auf Schritt und Tritt spüren wir, wie verpflichtend die Geburtsstadt das Erbe ihres Musensohnes pflegt. »Ohne Enthusiasmus wird nichts Rechtes in der Kunst zuwege gebracht«, notiert er in seinen musikalischen Haus- und Lebensregeln. Und in der stattlichen väterlichen Bibliothek fand er nicht nur die deutschen Übersetzungen Byrons und Scotts, die August Schumann in seiner Verlagsbuchhandlung edierte, sondern auch die wichtigsten Werke der deutschen Dichtung und der Weltliteratur. Jedermann konnte diese Klassiker-Ausgaben erwerben; das war das Anliegen dieses verdienstvollen Verlegers.

»Es ist des Lernens kein Ende«, erkannte schon der junge Robert. Dabei vergrub er sich nicht nur hinter Büchern. Die Stadt selbst, ihre Lage in dem als idyllisch geschilderten Zwickauer Muldentale, all das bot den wunderbaren Hintergrund für die Träume des schwärmerischen Jünglings. Im Titelblatt der zwischen 1822 und 1825 entstandenen Jugendgedichte stellt Robert Schumann selbst die Verbindung zu seinem Heimatstrom her. Das »Allerley aus der Feder Roberts an der Mulde« läßt uns zum Ausgangspunkt zurückkehren.

Inmitten des erzgebirgischen Beckens liegt am rechten Muldenufer die Kreisstadt *Glauchau*. Ihr Name, ursprünglich Gluchowe, der von Gluck oder Gluch (Loch, Sumpf) abgeleitet ist, deutet darauf hin, daß der Ort früher von zahlreichen stehenden Gewässern umgeben war. Aus diesem Schwemmgebiet der Mulde ragten sieben ziemlich schroff abfallende Hügelrücken heraus, auf denen sich im Laufe der Zeit der Stadtkern gründete. Eine Gegebenheit, der zufolge sich die Glauchauer scherzhaft gern mit der auf sieben Hügeln erbauten Stadt Rom vergleichen. Über einem slawischen Fischerdorf, unweit der einst so fischreichen Mulde, errichteten um 1170 die Reichsministerialen von Schönburg die Glauchauer Burg. Um diese entstand in der Mitte des 13. Jahrhunderts die planmäßig angelegte Stadt, deren Handwerker sich im Spätmittelalter mehr und mehr der Tuchmacherei zuwandten. Nachdem die Baumwollmanufaktur aufgekommen war, begannen sich im frühen 19. Jahrhundert allmählich Spinnereien, Webereien, Appreturen und Wirkereien zu entwikkeln. Heutzutage ist Glauchau mit seinen über dreißigtausend Einwohnern eine Metropole der sächsischen Textilindustrie. Die traditionsreiche Arbeiterstadt, August Bebel wurde 1867 im Wahlkreis Glauchau-Meerane als erster Sozialdemokrat in den Norddeutschen Reichstag gewählt, teilt sich in die Unterstadt im Tale der Zwickauer Mulde und die Oberstadt an deren Hoch- und Steilufer.

In einem schönen Parkgelände des Bahnhofsviertels steht das Denkmal für den 1494 in dieser Stadt geborenen Georgius Agricola, dem Arzt, Naturforscher und Begründer der modernen Mineralogie und Bergbaukunde.

Die beiden nebeneinander gelegenen Schlösser Hinterglauchau (1460/70) und Forderglauchau (1527/34) bilden geschichtlich wie architektonisch eine Merkwürdigkeit, die unter anderem auf die Spaltung des Schönburger Hauses zurückzuführen ist. Hinterglauchau, dessen östlicher Hauptflügel unter dem Einfluß Arnolds von Westfalen entstanden sein soll, beherbergt jetzt das städtische Museum, wo vorwiegend Gemälde und Plastiken aus dem 19. und 20. Jahrhundert sowie Meißner Porzellane der Kändler- und Marcolinizeit zu betrachten sind. In der hufeisenförmigen Anlage von Schloß Forderglauchau hat vor allem die Musikschule ein würdiges Domizil gefunden. Musiziert wird in Glauchau schon lange. Als am 15. Februar des Jahres 1728 die wenige Schritte vom Schloß entfernte barocke Stadtpfarrkirche St. Georg eingeweiht wurde, geschah dies sogar »mit Pauken und Trompeten«. Zwischen 1728 und 1730 weilte kein Geringerer als der sächsische Orgelbaumeister Gottfried Silbermann am gleichen Ort. Das in jenen Jahren geschaffene Werk ist wahrlich die »Königin der Instrumente« und die einzige Silbermann-Orgel im Zwickauer Muldental. Welch schönes Pendant zur Schwester-Muldenstadt Freiberg!

Südlich von Glauchau schlängelt sich die Mulde noch in vielen kleinen Bogen durch das Erzgebirgische Becken, doch schon wenige Kilometer nördlich, etwa bei Remse, ändert sich der Charakter ihres Laufes. Hier tritt der Fluß ins sächsische Hügelland ein, durchbricht bis unterhalb Rochlitz das nordwestsächsische Porphyrgebiet und fließt zwischen Wolkenburg und Colditz durch eines der schönsten Täler, die Sachsen kennt. Die Schönheit dieser Flußlandschaft beruht vor allem auf dem ständigen Wechsel von engen Talschluchten mit schroffen Felswänden, die nicht selten nur einen ganz schmalen Fußweg dicht am Ufer der Mulde zulassen, und den sich weitenden Tälern mit stillen freundlichen Auen. Trotzige Burgen und Schlösser schauen auf das silberne Band des Muldenstromes herab. Sie verkörperten einst fürstliche Macht.

Im sächsischen Burgenland

Am Eingangstor zum »Sächsischen Burgenland« gleicht die auf dem Bergvorsprung emporragende *Wolkenburg* einem ehernen Wächter: »Die Wege zu schirmen, die den Fluß begleiten oder in unmittelbarer Nähe überqueren.« Ähnlich wie bei den Muldenfesten Waldenburg, Rochsburg und Wechselburg gab auch die Wolkenburg der in ihrem Schutz entstehenden Ansiedlung den Namen. 1241 erstmals erwähnt, behauptet der kleine Ort eine beachtliche Stellung in der Kunst- und Kulturgeschichte unseres Landes.

Am Hang des Schloßberges, dessen einst steil zur Mulde abfallenden Felsen im 17. Jahrhundert Hans Haubold von Einsiedel terrassenförmig durch mächtige Gesteinsbrocken, Mauern und Erdaufschüttungen umkleiden ließ, entstand die für das Zwickauer Muldental älteste Parkanlage. Ursprünglich in französischer Manier angelegt, wurde die Umgestaltung unter dem damaligen Besitzer und sächsischen Konferenzminister Detlev Carl Graf von Einsiedel (1737–1810) in eine englische Gartenanlage ausgeführt. Als dieser 1776 die Eisenhütte zu Lauchhammer erbte, entstanden nach meist antiken Vorbildern die Eisenkunstguß-Plastiken, die uns noch heute im Schloßpark beeindrucken. Es liegt nahe, daß der Dresdner Hofbauinspektor Johann August Giesel bei der Gartenplanung mitgewirkt hat, zumal er auch für die von 1794 bis 1804 erbaute große Schloßkirche verantwortlich zeichnete. Weithin leuchtet das gelbweiße Äußere dieser Kirche vom Nordhang der Wolkenburg ins Muldental. Der prächtige Sakralbau aus der Blütezeit des Klassizismus wird gegenwärtig mit einem hohen Kostenaufwand aus staatlichen und kirchlichen Mitteln restauriert. Mit ihren gewaltigen Portalen, stilreinen Raumdispositionen und kunstvollen Lauchhammer-Plastiken zählt diese Kirche zu den schönsten klassizistischen Bauwerken unseres Landes. An der Süd- und Nordseite der Kirche sind außen zwei monumentale Giebelreliefs angebracht, ebenfalls aus Lauchhammerguß, die der Berliner Daniel Christian Rauch modellierte. Ihr Gewicht beträgt jeweils siebzig Zentner. Angeregt durch den Parthenon in Athen geben dennoch nicht Lapithen und Kentauren das Friesmotiv ab, sondern die Schlange in der Wüste und Christi Auferstehung. Im Kirchenschiff trennen dorische Säulen, die die Emporen tragen, das Langhaus vom Querhaus. Der Baumeister hat den vornehmen antiken Tempelcharakter außerordentlich fein nachempfunden. Das große Wandgemälde in der Taufkapelle, von Adam Friedrich Oeser, Goethes Zeichenlehrer, begonnen, erfuhr seine Vollendung erst durch Julius Schnorr von Carolsfeld und Adolph Menzel. Eine schlichte Gedenktafel erinnert im Kirchenschiff an den impressionistischen Maler Fritz von Uhde, der am 22. Mai 1848 in Wolkenburg an

der Mulde geboren wurde und zu den Mitbegründern der deutschen Freilichtmalerei zählt, die im Kampf gegen die erstarrten Kunstlehren der damaligen Akademien besonderen Wert auf Farbwirkung und Lichteffekte legte. Vor der großen Freitreppe des westlichen Portikus der Schloßkirche steht auf einem Sandsteinsockel die Büste ihres Stifters Detlev Carl von Einsiedel. Er war nicht nur ein kunstsinniger Staatsmann, sondern auch um den sozialen Aufstieg seines Landes bemüht. In dem 1982 erschienenen mehrbändigen Werk »Industrielle Revolution in Sachsen 1800–1861« erörtert Rudolf Forberger Einsiedels Bedeutung für die Entwicklung der Produktivkräfte. Daß ihm Sachsen auch die erste Dampfmaschine und Deutschland die Einfuhr der Merinoschafe verdankt, sei nur am Rande bemerkt. Dort, wo heute der VEB Malitex Wolkenburg mit modernen Nähwirkmaschinen produziert, legte Detlev Carl von Einsiedel 1799/1800 die erste Schafwoll-Maschinenspinnerei Sachsens an. Zum Antrieb der Maschinen nutzte man das Wasser der Mulde.

Unterhalb der Muldenbrücke, direkt am rechten Flußufer, treffen wir auf den Maler Ernst Bastian, der mit seinen über achtzig Lebensjahren nicht müde geworden ist, die Muldenlandschaft in Zeichnung und Aquarell festzuhalten.

Am Wolkenburger Bahnhof besteigen wir die »Muldenthalbahn«, wie sie ihre Erbauer ursprünglich nannten. Zu ihrem Bau, der sich auf 82 Kilometer erstrecken sollte, wurde hier in Wolkenburg am 28. Mai 1873 »unter Kanonendonner und Musikklängen« der erste Spatenstich getan. »Ein solennes Frühstück vereinigte hierauf die Festteilnehmer in der für diesen Zweck auf der an der Mulde gelegenen, langen Wiese errichteten festlich geschmückten Bude . . .«

Seit dem Jahre 1875, als im Königreich Sachsen dreizehn neue Eisenbahnlinien entstanden, ist diese Bahn das wichtigste Transportmittel für die Bewohner und Güter in diesem industriereichen Gebiet. Darüber hinaus gehört die gebirgsähnliche Strecke der Muldentalbahn zu den landschaftlich schönsten in Sachsen. Heute verkehrt die Bahn leider nur noch zwischen Glauchau und Großbothen.

Kein dumpfer Pfeifton einer Dampflok, sondern die markdurchdringende Hupe einer modernen Diesellok ruft uns blitzschnell in die Gegenwart zurück. Wir sind in *Penig* angekommen. Im Stadtarchiv halten wir wenig später das der Muldentalbahn gewidmete Gedicht von einem ungenannt gebliebenen Wolkenburger in Händen. Gewürdigt werden darin die für uns heute fast unvorstellbaren Leistungen, die die Bauarbeiter damals erbrachten, wo die ungebändigte Mulde oft Hochwasser führte, wo technische Hilfsmittel den heutigen kaum vergleichbar waren. Wir möchten die in der letzten Strophe ausgesprochenen Wünsche noch nach hundert Jahren neu bekräftigen:

»Dir unsern Glückwunsch! – Mögst gedeih'n
Du immer und ein Segen sein
Für's Thal, soweit der Mulde Lauf;
Dir, Muldenbahn, Glückauf, Glückauf!«

Die 1313 als oppidum bezeichnete Stadt weist zwei bemerkenswerte Besonderheiten auf. Zum einen sind da die weitverzweigten, zweistöckigen Kelleranlagen in der Uhlandstraße, jenes ab 1511 entstandene unterirdische Labyrinth, dessen Entstehungsgrund bis heute nicht restlos geklärt ist. Es wird vermutet, daß das 2000 Meter lange Gangsystem als mittelalterliche unterirdische Wehranlage in den Kellerberg gehauen wurde. Andere meinten, daß es sich hier lediglich um simple Wirtschaftskellergänge handele. Wie dem auch sei, die »Peniger Katakomben« sind eine große Sehenswürdigkeit. Ein Teil der Anlage wurde erst durch Heimatfreunde des Kulturbundes wieder für die Öffentlichkeit begehbar gemacht, so daß sich interessierte Besucher in den Sommermonaten von kundigen Bergführern durch Penigs »Unterwelt« führen lassen können. Zu Saisonschluß feiern hier alljährlich mehr als zweitausend Peniger Bürger mit ihren Gästen das beliebte Kellerbergfest.

Zum anderen hütet die Stadt ein »literarisches Geheimnis«, das mit dem 1800 gegründeten Verlagsunternehmen Ferdinand Dienemann & Co. im Zusammenhang steht. 1805 erschien in diesem Verlag der Roman »Die Nachtwachen des Bonaventura«. Bislang ist ungeklärt, wer sich hinter dem Pseudonym Bonaventura verbirgt – Friedrich Gottlob Wetzel, Josef von Schelling, Clemens Brentano oder E.T.A. Hoffmann? Von den vielen Nachauflagen sei vor allem an die 1927 im Prophyläen-Verlag Berlin erschienene Ausgabe mit Lithographien von Lovis Corinth gedacht. Ansonsten

kennen die Peniger nur noch das Haus am Markt 9, worin sich einst der Verlag befand.

An diesem schönen Bürgerhaus am Markt sollte man schon einmal die Gedenktafeln betrachten. Hier übernachtete 1707 Kaiser Karl XII. von Schweden – und zwar auf einer Strohschütte, wie sich das für einen Gesundheitsfanatiker gehörte. 1719 beehrte diese Herberge auch Zar Peter I. von Rußland. Der Peniger Chronist will wissen, daß der Leib- und Magenkoch des Zaren in seiner provisorischen Bretterküche derart unbotmäßigen Lärm mit Feuerholz machte, daß Peter I. kurzerhand aufgestanden sei »und den Koch derb abgeprügelt« habe.

Beim Überqueren der 1938/39 neu erbauten Muldenbrücke liegt links vor uns das Wehr, das schon 1537 der Peniger Papiermühle das nötige Muldenwasser zuführte. Alles in allem beobachten wir zwischen Penig und Rochsburg vier Flußwehre bei zwölf Meter Gefälle.

Alleinige Ansiedlung dazwischen ist die auf dem linken Muldenufer liegende Spinnerei *Amerika*, ein Betriebsteil der Altenburger Wollspinnerei. Nach dem »Rochlitzer Wanderbuch« von 1978 ist der einzigartige Ortsname so entstanden: Die Mehrzahl der Arbeiter kam um 1850 hauptsächlich aus Orten von der rechten Flußseite. Die altersschwache Kahnfähre, die viele Frauen und Mädchen über die Mulde brachte, gab Anlaß zu allerlei Scherzen und schrulligen Bemerkungen. »Ri-ra-rutschika, wir fahren nach Amerika!« hat der Volksmund überliefert. Amerika, das Wort blieb schließlich hängen, wurde 1858 erstmalig bezeugt und ging mit der Eröffnung der Eisenbahnstation Amerika als amtliche Bezeichnung in die Geschichte ein.

Kurz hinter Amerika liegt in Höhe der Eisenbahnlinie ein großer Granulitsteinbruch. Wir befinden uns inmitten der Kernzone des sächsischen Granulitgebirges, das die Mulde von Penig bis Wechselburg durchbricht. Hier gleicht das Muldental mit steilen Wänden, Klippen und zahlreichen Felsgebilden ganz und gar einem Gebirgstal. Obgleich die Bezeichnung »Gebirge« nicht für die heutige Oberflächengestalt zutrifft, weist der Gesteinsaufbau des Gebietes tatsächlich auf ein altes Gebirge hin. Das Zwickauer Muldental ist von seiner geologischen Struktur her also ein Gebirgstal. Ganz besonders gilt das für den vor uns liegenden

Streckenabschnitt in Richtung Rochsburg. Am engsten und romantischsten Teil des Mulden-Mittellaufes, wo die dichtbewaldeten Felswände zu beiden Seiten vierzig bis sechzig Meter ansteigen und überhängendes Gestein vielfach bis an den Strom herantritt, erhebt sich die meistbesuchte Burg des Muldentales: die *Rochsburg*. In einer großen Schleife umfließt die Mulde den steil aus dem Tal ragenden fünfzig Meter hohen Burgberg an drei Seiten. Für mittelalterliche Verhältnisse eine überaus günstige Schutzlage, die nur noch des tiefen Halsgrabens an der Ostseite zur Sicherung bedurfte.

Die Rochsburg wurde urkundlich erstmals 1195 genannt. Zu jener Zeit war Gunterus de Rochsberg Herr der Burg, die ihren mittelalterlichen Charakter trotz vieler Umbauten im wesentlichen bewahrt hat. Aus dem 12. Jahrhundert stammt noch der hohe Bergfried, dessen Mauerwerk im Verlies 3,5 Meter stark ist. Am Baugeschehen in der Spätgotik, von 1472 bis 1475, war Arnold von Westfalen beteiligt. Davon ist besonders der Westflügel des heutigen Hauptgebäudes, die neue Kemenate, geprägt. Die St. Annen-Kapelle hat ihre Netzgewölbedecke 1523 von Caspar Kraft, dem späteren Ratsbaumeister in Halle und Erbauer der dortigen Marktkirche, erhalten. Mit dem reich gestalteten Altaraufsatz aus Sandstein besitzt die Burgkapelle ein gediegenes Werk obersächsischer Spätrenaissancekunst. Wie die Inschrift am Altar aussagt, hat ihn der Freiberger »Schloßmeister und Bildhauer« Andreas Lorentz am 12. Dezember 1576 fertiggestellt.

In der Mitte des älteren Burghofes steht ein Brunnenhaus. Es überdacht das hölzerne Räderwerk des Ziehbrunnens, der in einer Tiefe von 53 Metern liegt. Durch ein spätgotisches Portal gelangen wir über eine Spindeltreppe hinauf zu den Räumen des Museums, große repräsentative Säle mit bemerkenswerten Balkendecken aus dem 16. Jahrhundert. Die weiten Fensteröffnungen sorgen für ausreichend Licht und lassen uns den Blick ins Muldental genießen: Tief unten fließt die Mulde, in zwangloser Anordnung schmiegen sich die kleinen Häuser des Dorfes Rochsburg an den jenseitigen Hang. Die alte Dorfkirche bekrönt mit ihrem hohen spitzen Dachreiter den Ort.

Während die Mulde den Bergrücken bei Rochsburg umfließt, gab es für die Trassenbauer der Muldental-bahn keine andere Möglichkeit, als einen Tunnel durch diesen Felsen zu brechen. In der Nacht vom 12. zum 13. November 1874 gelang glücklich der 285 Meter lange Durchbruch des Rochsburger Eisenbahntunnels ». . . und hat die Differenz beim Zusammentreffen der Bohrarbeiten 1 Millimeter betragen«, schreibt das Colditzer Wochenblatt am 3. Dezember 1874 von solcher Maßarbeit. Die Wölbung des Tunnels ist im April des darauffolgenden Jahres abgeschlossen worden. Anschließend fügte man die Schlußsteine in die beiden Tunnelportale.

Durch das südliche verlassen wir nun per Eisenbahn Rochsburg und fahren in eine Landschaft, über die Ernst Benedict 1968 sagte: »Hier ist das Muldental am einsamsten. Bald weitet sich das Tal zu einer kleinen Aue, deren frisches Grün im Frühjahr von den vielen Wiesenblumen bunt durchleuchtet wird. Doch plötzlich begrenzt finster und schroff eine quergestellte Felswand das kleine Auenparadies. Auf die Felsnase der Wand führt durch die verwilderte Amtmannskluft ein steiler, aber gut gangbarer Weg hinauf. Die Kluft erhielt ihren Namen nach einer Sage, ein Rochsburger Amtmann soll sich hier einst in den Fluß gestürzt haben. Auf diesem Felsvorsprung nehmen wir noch einmal die ganze Schönheit des Muldentales in uns auf. Tief unten fließt dunkel die Mulde, leise rauschen die Wipfel der Bäume zu unseren Füßen, sonst herrscht Stille . . .«

Göhren veranlaßt uns, die Muldenbrücken näher zu betrachten. Der sächsische Industriebezirk Karl-Marx-Stadt dürfte mit seinen 4259 Brücken allen DDR-Bezirken vorangehen. Während beispielsweise im Bezirk Neubrandenburg auf reichlich elf Straßenkilometer eine Brücke kommt, ist das im Vogtland und Erzgebirge durchschnittlich alle 2,6 Kilometer der Fall. Der Grund dafür ist die an Bergen, Tälern und Flüssen so reiche Landschaft. Viele dieser Verkehrsbrücken sind einmalige Zeugen der schöpferischen Meisterschaft ihrer Erbauer.

Der größte und zugleich bedeutendste Brückenbau, der jemals über dem Muldenstrom errichtet wurde, ist die Göhrener Brücke. Neben der Elster- und Göltzschtalbrücke gehört sie zu den imposantesten deutschen Brückenbauten aus der Frühzeit des Eisenbahnbaues. Für die Bahnlinie Leipzig–Karl-Marx-Stadt überspannt der Viadukt mit kühnem Schwung das Tal der

Zwickauer Mulde bei Göhren. Nach der Grundsteinlegung am 27. Mai 1869 vergingen nur zweieinhalb Jahre, bis der riesenhafte zweigeschossige Bau mit 27 Bogen vollendet war. Die Brücke hat eine Höhe von 68 Metern und eine Länge von 381 Metern. Pfeiler und Bogen sind in Granit und Granulit ausgeführt und mit Sandstein verkleidet. Wenn man bedenkt, mit welch bescheidenen technischen Mitteln der Baukörper emporwuchs, kann man die meisterhaften Leistungen der beiden Ingenieure Claus und Bake sowie der vielen Bauarbeiter nur bewundern.

Wenige hundert Meter unterhalb der Göhrener Brücke mündet das dunkle Industriewasser der Chemnitz in die Mulde.

Schon von der Muldenaue aus sieht man in zwangloser Anordnung die Häuser des freundlichen Städtchens *Wechselburg* wie an den Hang gesetzt. Obenauf das Schloß mit seinem weithin sichtbaren barocken Mansarddach und die stattliche Pfarrkirche St. Otto. Auf ausgetretenen Stufen steigen wir zum Marktplatz hinauf. Links die alte Pfarre Abraham Flemings, in der sich sein Sohn Paul, wir begegneten ihm bereits in Hartenstein, als Leipziger Thomasschüler und Student regelmäßig während der Ferien aufhielt. Vater Abraham war 1628 als Pfarrer von Topfseifersdorf hierher versetzt worden, wo – wahrscheinlich 1632 – Paul Fleming den Ehrentitel Poeta laureatus – eines lorbeergekrönten Dichters erhielt. So hat der Muldenlauf seinen Lebenslauf mitgeformt und war Quelle seiner Posie.

Der Marktflecken Wechselburg war bis ins vorige Jahrhundert Zentrum des gräflich-schönburgischen Amtes Wechselburg und der Schloßhof Schauplatz einer der vielen sächsischen Bauernerhebungen des Jahres 1790.

Die größte Sehenswürdigkeit des Ortes ist und bleibt aber die berühmte Stiftskirche, die eine bedeutungsvolle romanische Baugeschichte vorweisen kann. Sie gehört zu den vornehmsten und besterhaltenen romanischen Kirchenbauten der DDR.

Nachdem Graf Dedo von Rochlitz um 1160 das Kloster Zschillen, es war das erste Augustiner-Chorherrenstift der Mark Meißen, erbauen ließ, begann er kurz danach, hier eine kreuzförmige Pfeilerbasilika zu errichten, die um 1180 ihrer Vollendung zuging. Ihre Lage auf dem höchsten Punkt eines Bergsporns, der an drei Seiten von der Zwickauer Mulde umflossen wird, entspricht der von frühdeutschen Höhenburgen. Ihr Stifter wird diesen Standort gerade am Fuße des Rochlitzer Berges – der noch dazu den roten Werkstein Porphyr lieferte – ganz bewußt gewählt haben. Hier wurden – lange vor den großen Dombauten von Magdeburg und Naumburg – schon gotische Formen verwendet, die beispielgebend für die Architektur in Sachsen wirkten. Das erhabene Innere der Stiftskirche wird von der einzigartigen Lettneranlage und der Triumphkreuzgruppe aus dem Jahre 1230 bestimmt, die neben der »Goldenen Pforte« in Freiberg zu den künstlerischen Meisterwerken der Stauferzeit zählen. Im weiteren geschichtlichen Verlauf fiel das Stift Zschillen 1278 an den Deutschen Ritterorden, wurde 1541 unter Herzog Moritz aufgehoben und gelangte 1543 zusammen mit der Herrschaft Penig durch landesherrlichen Tausch gegen Lohmen, Wehlen und Hohenstein in die Hände der Herren von Schönburg. Auf diesen Tauschakt geht der Ortsname Wechselburg zurück.

Durch die sogenannte Eulenkluft, die die geologische Grenze für das sächsische Granulitgebirge bildet, wandern wir zum Rochlitzer Berg. Ein nicht ungefährlicher Pfad, der an schroff zur Mulde abfallenden Felswänden entlang führt. Unaufhaltsam hat das Wasser der tief unten fließenden Mulde den mächtigen Felsen der Kluft zu einem regelrechten Prallhang geformt. Noch einmal haben wir einen wunderschönen Ausblick auf die Flußaue, den Park und das Schloß Wechselburg, bevor uns dichter Wald umfängt.

Das tief eingeschnittene Tal der Mulde, worin Felswände und -klippen imposant hineinragen, erinnert mit engen, schluchtartigen Talstrecken und Talöffnungen an Täler, wie man sie im Harz oder Erzgebirge gesehen hat. Richtige Berge fehlen. Nur der Rochlitzer Berg verdient, so genannt zu werden. Er ist die höchste Erhebung des Hügellandes zur Leipziger Tiefebene hin und mißt 353 Meter über dem Meeresspiegel, davon 207 Meter über dem der Mulde.

Schon um 1820 wurde auf dem Rochlitzer Berg eine »Vorrichtung« erwähnt, auf welcher man freie Aussicht nach allen Seiten genießen konnte. Und in Aufzeichnungen des einst gefeierten Opernkomponisten Conradin Kreutzer – er weilte in den Jahren 1845 bis 1847 und wohl auch im Sommer des darauffolgenden

Jahres öfter bei seinem Schwiegersohn Alexander Winkler in Rochlitz – heißt es: »Die Spaziergänge sind reizend und zahlreich rund um Rochlitz. Wir haben ganz nahe einen Berg, wo man fast ganz Sachsen übersehen kann.« Der Aussichtsturm, den wir besteigen, entstand erst nach 1855. Von hier aus schweift der Blick über die tiefen Kessel der Porphyrtuffbrüche, die bewaldeten Hänge hinab nach Rochlitz und ins Muldental, über die den Berg umgebende sanftwellige Hochfläche mit mehr oder minder ausgedehnten Wäldern.

Der schöne Rochlitzer Stein, auch roter sächsischer Marmor genannt, ist vulkanischen Ursprungs. Die zu Asche verglühte Lava lagerte sich in Schichten ab und bewirkte die poröse Struktur und schöne Zeichnung. Die Tätigkeit des Rochlitzer Vulkans endete allerdings schon vor Millionen von Jahren. Noch heute beträgt die Porphyrschicht bis zu 80 Metern. Die fleischrote, bräunliche bis leicht violette Farbtönung des Gesteins, das von vielen weiß-gelben Adern durchzogen wird, ist in so ausgeprägter Form nirgends in Europa zu finden, seine Gewinnung und Verarbeitung uralt. Wiewohl die erste Blütezeit des Steinbruchbetriebes in die romanische und gotische Bauperiode fällt, wird schon seit nahezu tausend Jahren der Rochlitzer Porphyr bergtechnisch abgebaut und verlieh zahllosen Kirchen, Burgen, Schlössern, Rathäusern, Mühlen, Brücken und Toren ein unverwechselbares Aussehen. Die Wechselburger Basilika erwähnten wir schon. Doch auch spätere Baumeister bekundeten ihre Vorliebe für den Rochlitzer Stein, zum Beispiel Arnold von Westfalen und Hieronymus Lotter. Letzterer verwandte den Stein in meisterhafter Weise beim Bau des Alten Rathauses in Leipzig und der Augustusburg. Es verwundert aber auch nicht, daß der Rochlitzer Porphyr viele Bürgerhäuser und bäuerliche Gehöfte der näheren und weiteren Umgebung ziert: Portale und Sitznischen, Fenster und Giebel, Ställe und Kumthallen.

Die Fertigungspalette des heutigen Betriebes auf dem Rochlitzer Berg reicht von Verkleidungsplatten für Monumentalbauten, wie der neuerbauten Thomas-Müntzer-Gedenkstätte in Bad Frankenhausen, bis hin zu Lieferungen für den Wohnungs- und Eigenheimbau. Besonders gefragt ist Porphyrtuff bei der Rekonstruktion historischer Bauten, für dekorative Innenarchitektur und Denkmale. Damit wird eine alte

Tradition auch im modernen Baugeschehen fortgesetzt.

Am Fuße des Rochlitzer Berges umfließt die Zwickauer Mulde in weitem Bogen das auf breiter Flußterrasse liegende *Rochlitz*, dessen doppeltürmige Burganlage hier das Muldental prägt. Es zählt zu den ältesten sächsischen Städten und ist heute mit seinen etwa 8500 Einwohnern der Verwaltungsmittelpunkt eines Agrar-Industrie-Kreises.

Berühmt war einst die alte Lateinschule. Ihr nördlich der Kunigundenkirche stehender Bau ist in seiner heutigen Gestalt 1805 neu gegründet worden. Eine alte Gedenktafel aus dem Jahre 1595 hat sich erhalten. Sie zeigt als Symbol aufopfernder Liebe den Pelikan und eine lateinisch-griechische Inschrift. Doch schon lange vor 1595 existierte die mittelalterliche Lateinschule direkt vor der Petrikirche. Zwischen 1511 und 1518 amtierte hier Magister Michael Coelius als Rektor. Der nachmalige Pfarrer von Mansfeld hat am Sterbebett des Reformators gestanden und ihm die Leichenpredigt gehalten. Drei seiner später berühmt gewordenen Rochlitzer Schüler sind: Peter Apian (1495–1552) aus Leisnig, bedeutendster Mathematiker und Karthograph seiner Zeit, Vertrauter und ständiger Begleiter Karl V.; sein »Astronomicum Caesareum« (1540) ist nicht nur ein Werk von höchster mathematischer-tabellarischer Vollendung, sondern auch die buchtechnisch wertvollste Arbeit des 16. Jahrhunderts, für die Apian in den Adelsstand erhoben wurde. Weiterhin Johann Walther (1496–1570) aus dem thüringischen Kahla, ein enger Freund und Mitarbeiter Martin Luthers, der 1524 das erste protestantische Gesangbuch herausgab und als Hofkapellmeister in Dresden zugleich die dortige Hofkapelle, heute als Dresdner Staatskapelle weltbekannt, gründete. Der dritte Schüler, Johann Mathesius (1504–1565), ist sogar in Rochlitz geboren und wie Walther ein Freund Luthers gewesen. Er war anfangs Rektor und später Pfarrer in der Bergstadt Joachimsthal und brachte die erste Biographie über den Reformator heraus. Als Verfasser der »Sarepta oder Bergpostilla«, ein Werk von volkskundlicher, sprach- und bergbaugeschichtlicher Bedeutung, kann er zu den eifrigsten Förderern der lateinischen Schriften Georgius Agricolas gezählt werden. Die von den Schulvätern erhoffte »Werkstätte, darin man allerlei Gutes lernen soll«, hat ihre Wirkung auf viele Schülergenerationen nicht verfehlt, gedenkt man der vielen Persönlichkeiten, die zu Rochlitz in Beziehung standen, die in der Muldenstadt Freude und Erfüllung fanden.

Wir haben nach ihren Spuren gesucht und dabei Erstaunliches festgestellt: 1691 schlug der Wund- und Augenarzt Johann Andreas Eisenbarth, neben Till Eulenspiegel und dem Rattenfänger von Hameln eine noch heute als »Doktor Eisenbarth« im Volksmund überlieferte Gestalt, sein Standquartier auf dem Rochlitzer Marktplatz auf. Wer in die Karl-Marx-Straße einbiegt, der wird rechter Hand den Gasthof »Schwarzer Bär« kaum übersehen. Die älteste Herberge des Ortes war lange Zeit im Besitz der Familie Leubnitz. Hierin wurde auch der Großvater des bahnbrechenden Gelehrten auf fast allen Wissensgebieten, Gottfried Wilhelm Leibniz, geboren. In der gleichen Straße befinden sich die Geburtshäuser des Altmeisters der sächsischen Vogelkunde Dr. h. c. Richard Heyder (1884–1984) und des Dresdner Grafikers Prof. Hans Theo Richter (1902–1969). Richter hat besonders die Mutter-Kind-Thematik mit einem hohen Maß an künstlerischem Ausdruck gestaltet.

Neben der Dichterin Luise Brachmann (1777–1822) hatte auch Heinrich Heine Beziehungen zu Rochlitz. Sein Cousin gleichen Namens war hier Stadtphysikus und Arzt. Auch die Wiege von Prof. Dr. Karl Gelbke (1899–1965), der nach 1945 als Ärztlicher Direktor der Medizinischen Fakultät der Karl-Marx-Universität Leipzig maßgeblich zum Aufbau des Gesundheitswesens der Messestadt beitrug, stand in Rochlitz.

Vom Heimatturm auf dem Töpelsberg bei Colditz genießen wir den Rundblick ins Muldental, talaufwärts in die letzte große Aue des sächsischen Burgenlandes, an deren südöstlicher Peripherie der Lastauer Burgberg steht und talabwärts nach Colditz.

Aus dem Tal führt serpentinartig die Straße nach dem kleinen Dorf *Lastau* hinauf, das sich mit seinen Gehöften am auslaufenden Höhenzug des Lastauer Burgbergs anzuschmiegen scheint und Maler, Fotografen und Schriftsteller zum Schaffen angeregt hat. Überliefert wird der Name des Ortes erstmals 981 in Bischof Thietmar von Merseburgs Chronik. Der schmale, spitze Kirchturm hat manchem Sturm trotzen müssen und ist auch heute noch Wahrzeichen des Dorfes. Das kleine Kirchenschiff beherbergt die in unserer Republik einzige original vorhandene Orgel von den Gebrüdern Böhme aus Zeitz. Seit ihrer Restaurierung war sie mehrfach in Konzerten und im Rundfunk zu hören.

Ab Lastau bis unterhalb von Großbothen und Kloster Nimbschen verläuft das Muldental im Rochlitzer Quarzporphyr, von da ab bis unterhalb Grimma wechseln sodann Rochlitzer und Grimmaer Quarzporphyr an den Talhängen ab. Beide Gesteine unterscheiden sich in Farbe und Struktur deutlich voneinander. Auch hier besteht der Reiz der Muldenlandschaft im vielfachen Wechsel zwischen weiten und engen Talabschnitten mit schroffen Porphyrfelsen, die wiederholt bis an die Mulde herantreten.

Im Colditzer Talbecken mit seinen bis zur Hochfläche hinauf reichenden Häusern liegt der letzte Ort, bevor eine schluchtartige Talstrecke in die Auenlandschaft führt, wo sich Zwickauer und Freiberger Mulde vereinigen.

»Colditz. Malerisches Städtchen auf beiden Seiten der unteren Zwickauer Mulde, von wuchtigem Schloß überragt«, so bezeichnet ein alter Reiseprospekt in gebotener Kürze die Stadt. Malerische Landschaft, Mulde und Schloß blieben nicht ohne Wirkung auf den Dresdner Landschafts- und Genremaler Ernst Ferdinand Oehme (1797–1855), der sich bei seinen Arbeiten für König Friedrich Augusts Gemäldegalerie neben den sächsischen Burgen Meißen, Stolpen und Hohnstein auch für das Schloß Colditz entschied. 1828 sitzt nun der Einunddreißigjährige unter hohen Kiefern auf dem nördlichen Hainberg bei Colditz und hält eine malerische Aussicht mit Stift und Pinsel fest: Durch die rahmenden Bäume wird der Blick zu dem im Mittelgrund aufragenden Schloß und weiter den Flußlauf der Zwickauer Mulde entlang in die Bildtiefe geführt. In der Atmosphäre jenes sonnendurchleuchteten Frühherbstmorgens schwingt etwas von heimatlicher Zufriedenheit und Wanderlust. Selbst die von Kurfürstin Sophie 1610 angelegten Weinterrassen, oberhalb die kleine Hainburg, unterhalb des Berges das barocke Winzerhaus, hat das Auge des Malers nicht übersehen. Ein herrliches Gemälde, mit dem Oehme nicht nur dem Colditzer Schloß seine Reverenz erweist, sondern vor allem der Muldenlandschaft ein großartiges Denkmal setzt. Später hat sich nur noch einmal Eugen Bracht dem Bildgedanken der Zwickauer Mulde zugewandt. Was Caspar David Friedrich am Freiberger Muldenstrom begann – der Leser wird davon noch hören – hat sein Schüler Oehme würdig fortgesetzt.

Schloß Colditz – 1827 nach Leipzig, Dresden und Prag nun auch Aufenthaltsort des uns von Zwickau her bekannten Robert Schumann – bringt dem schwärmerischen Jüngling nach jahrelanger literarischer Betätigung mit einem Schlage wieder musikalische Impulse, nicht zuletzt durch den Besuch der mit einer schönen Stimme begabten Agnes Carus (1802–1839).

Später sieht die Muldenstadt noch einmal ein Mitglied der Familie Schumann, Ludwig, der zweitjüngste Sohn Claras und Roberts, fristete von 1871 bis zu seinem Tode 1899 in der unterdessen im Schloß eingerichteten Anstalt für geistig kranke Menschen ein schicksalschweres Dasein.

Zwei gelehrte Männer haben in Colditz das Licht der Welt erblickt: Wenzelaus Linck (1483–1547) und Johann David Köhler (1684–1755). Der erste geht als Generalvikar der Augustiner und Freund Luthers in die Reformationsgeschichte ein, der zweite wird zum Begründer der wissenschaftlichen Numismatik Deutschlands. Für beide »Muldenkinder« hat die Vaterstadt Colditz eine vielbesuchte Gedenkstätte im ehemaligen Diakonat, gegenüber der Stadtkirche St. Egidien, eingerichtet.

Das an der alten Muldenfurt stehende Porzellanwerk, wo sich Mitte des 12. Jahrhunderts eine Kaufmannssiedlung befand, prägt heute das wirtschaftliche Profil von Colditz. Binnen weniger Jahre entwickelte es sich zu einem der bedeutendsten unseres Landes und beliefert über dreißig Länder mit Haushalt- und Hotelgeschirr.

Die Freiberger Mulde

Auf dem rauhen 800 Meter hohen Kamm des Osterzgebirges bei Moldava in der ČSSR entspringt als unscheinbarer Gebirgsbach die 948 urkundlich belegte Milda orientalis – die östliche Mulde. Erst viel später erhält sie ihren Beinamen nach der alten Silberbergbaustadt Freiberg. 1218 wird der Name »Friberch« erstmals überliefert, der auf die Bergfreiheit hinweist. In

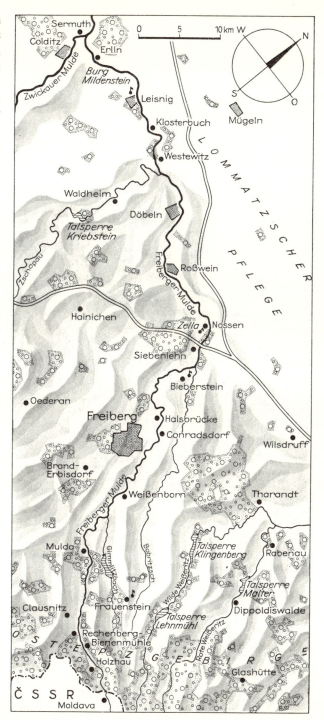

munterem Lauf durchzieht nun die Freiberger Mulde viele Dörfer und Städte, nimmt unterwegs als bedeutende Zuflüsse die Striegis und bei Schweta die vom Fichtelberg kommende Zschopau auf und fließt fortan breiter und behäbiger.

Kernstück dieser Landschaft bildet das Tal der Freiberger Mulde, das sich im Übergangsgebiet zwischen dem Erzgebirge und dem sächsischen Hügel- und Tiefland befindet, ein völlig anders geartetes Landschaftsbild als das des Zwickauer Muldentales, jedoch nicht weniger abwechslungsreich und schön. Die natürliche Vegetation des Tales einschließlich seiner Randhöhen ist durch menschliche »Kultivierung« weitgehend zurückgedrängt; die vom Südosten herabströmende Mulde schlängelt sich durch saatenreiche Fluren, frisches Wiesen- und Weideland, an den Hängen begrenzt von hochstämmigen Laub-, Nadel- und Mischwäldern.

Zu einer Zeit, als für Freiberg und seine Muldenflöße das Holz aus den sächsischen Wäldern immer knapper wurde, gebot Martin Planer schon 1569 eine Einschränkung der aufwendigen Holzkohlefuhren und verwies zugleich auf die Möglichkeit des Holztransportes mit Floßgräben von der Flöha ins Freiberger Gebiet. Allerdings kam es erst 1624/29 zum Bau eines solchen Floßgrabens. Dieser zog sich von Fley (dem heute tschechischen Flaje) über Cämmerswalde bis nach *Clausnitz*, wo sein Anschluß an die Muldenflöße erfolgte. 17000 Kubikmeter Holz gelangten über die sogenannte Neugrabenflöße jährlich nach Freiberg. Auf den Fluren von Clausnitz, Cämmerswalde und Holzhau haben sich wesentliche Teile dieser Grabenanlage erhalten und sind wichtige technische Denkmale am Oberlauf der Freiberger Mulde.

Einem Denkmal ganz anderer Art begegnen wir am unteren Ortsausgang von Clausnitz: Hier steht der Sühnestein für den 1563 vom Annaberger »Pestpfarrer« Wolf Uhle erschlagenen Dorfrichter. Auch andernorts findet man diese Zeugen: das Beatenkreuz im Thümmlitzwald, das Schwarze Kreuz im Colditzer Forst, das Steinkreuz in Seelitz auf Rochlitzer Flur.

Freiberg verdankt seine Entstehung dem Fündigwerden von Silbererzen auf der Christiansdorfer Flur. Die Geschichte der Stadt, der Markgraf Otto von Meißen 1186 das Stadtrecht verlieh, ist zugleich die des Erzbergbaues in der Meißnischen Grenzmark. In den »Kursächsischen Streifzügen« trifft Otto Eduard Schmidt (1855–1945) eine bis heute gültige Aussage: »Aber es hat nicht nur irdische Schätze aus der Tiefe geschürft, sondern um dies zu können und auch unter immer schwieriger werdenden Bedingungen zu können, mußte hier auch der menschliche Geist in die Schächte technischer, mathematischer, philosophischer Probleme hinabtauchen und hat neue Gedanken und neue Werte für die Heimat und für die Welt aus ihnen herausgeholt.«

Frühzeitig erkannte man in Freiberg, daß wesentlich bessere Kenntnisse unter anderem in der Mineralogie, Geologie und Bergbaukunde notwendig, daß bei einer zielgerichteten wissenschaftlichen Forschung Praxis und Theorie, Lehre und Forschung nicht voneinander zu trennen sind. Beschränkte man sich zunächst auf das Beschreiben und Verallgemeinern von Produktionserfahrungen, so änderte sich das grundlegend mit dem Aufbau einer wissenschaftlichen Lehranstalt. Der Freiberger Generalbergkommissar Friedrich Anton von Heynitz (1725–1802) fand die Zustimmung seines Landesherrn, Kurfürst Friedrich August III., und so wurde am 13. November 1765 die erste bergbautechnische Hochschule der Welt, die spätere Bergakademie Freiberg, gegründet. Sie hatte bedeutende Lehrer und Schüler. Als Lehrer wirkten vor allem Friedrich Wilhelm von Oppel, Abraham Gottlob Werner, Gustav Anton Zeuner und Julius Ludwig Weisbach. Unter den Studenten befanden sich Michail Wassiljewitsch Lomonossow, Alexander von Humboldt, die Dichter Friedrich von Hardenberg (Novalis) und Theodor Körner sowie der spätere preußische Minister und Städtereformer Karl Reichsfreiherr vom und zum Stein.

Freiberg war einst die erste freie Bergstadt Deutschlands, wirtschaftliches Zentrum und die dichtbesiedelste Stadt der Markgrafschaft Meißen. Der Regent unterhielt hier seine wichtigste Münzstätte, und der Dom, dessen um 1230 erbaute »Goldene Pforte« vom Reichtum der jungen Stadt zeugt, diente den wettinischen Landesherren von 1541 bis 1694 als Begräbnisstätte. Städtische Größe und Bedeutung waren es schließlich auch, welche den Anlaß gaben, daß wichtige Handelsstraßen von und nach Freiberg führten bzw. sich hier kreuzten. In der Gegend um Freiberg sind gleich mehrere aus dem 16. und 17. Jahrhundert stammende Steinbrücken anzutreffen. Für die schweren Erzfuhrwerke genügten die alten Holzbrücken nicht mehr, steinerne von hoher Tragfähigkeit wurden notwendig. Die wohl schönste unter ihnen ist die 1569 errichtete Straßenbrücke bei Halsbach. Sie ist mit ihrer imposanten, die Freiberger Mulde überspannenden Spitzbogen-Konstruktion das älteste Brückenwerk des gesamten Muldenlandes.

Die älteste Schachtanlage des Freiberger Silberbergbaues ist die Grube »Alte Elisabeth«. In ihren unter Denkmalschutz stehenden Gebäuden sind neben einer Schachtförderanlage mit Dampfmaschine von Pfaff-Chemnitz (1848) originale Produktionsräume mit Scheidebank, Bergschmiede, Zimmermannswerkstatt, Hängebank und Schachtöffnung zu sehen. Im Huthaus der »Alten Elisabeth« kann sogar noch die einmalig erhaltene Bergmanns-Betstube besichtigt werden. Das darin befindliche kleine Orgelwerk, über dessen Erbauung und Anschaffung nichts bekannt ist, dürfte aus der zweiten Hälfte des 18. Jahrhunderts stammen. Zu jener Zeit hatte der sächsische Orgelbau einen guten Ruf, den berühmte Orgelbauer begründeten, allen voran der 1683 in Kleinbobritzsch geborene Gottfried Silbermann. In ihm vereinigte sich handwerkliches Können mit kühnem Erfindergeist.

Nachdem Gottfried Silbermann bei seinem Bruder in Straßburg die Orgelbaukunst erlernt hatte, kehrte er 1710 in die Heimat zurück und verlegte noch im gleichen Jahr seinen Wohnsitz nach Freiberg. Eine Gedenktafel am Gebäude Otto-Nuschke-Platz 6 erinnert daran, daß sich in diesem Hause von 1711 bis 1751 die Werkstatt des bekannten Orgelbaumeisters befand. Innerhalb von vier Jahrzehnten entstanden hier fast fünfzig Orgeln. Die erste große war die des Freiberger Doms. Sie steht auf der Westempore, wurde am 20. August 1714 geweiht und zählt mit drei Manualen, 45 Registern und 2674 klingenden Pfeifen zu den größten von ihm geschaffenen Werken.

Die große Silbermannorgel des Freiberger Doms hat von jeher eine starke Anziehungskraft auf Virtuosen, Kenner und Liebhaber der Orgelmusik ausgeübt und den europäischen Ruhm Silbermanns mitbegründet. Als Domkantor Hans Otto zu spielen beginnt, lauschen wir den Klängen der Bachschen d-Moll-Tok-

kata. Unsere Blicke aber erfassen die Architektur des Langhauses. An einem phantastischen Steingewächs mit Schaft und Korb, der »Tulpenkanzel« von Hans Witten, bewundern wir das Großartige und Eigenwillige spätgotischer Kunst. Über uns die romanische Triumphkreuzgruppe, deren Entstehung mit dem berühmten Westportal »Goldene Pforte« zeitlich zusammenfällt ...

Neben der kulturellen Bedeutung kennzeichnen politische Höhepunkte die Entwicklung der Stadt, die in der Zeit der bürgerlich-demokratischen Revolution 1848/49 zur ersten Arbeiterorganisation in Freiberg führten. Nach dem Scheitern des Dresdner Aufstandes flüchtete die provisorische Regierung am 9. Mai 1849, darunter der liberale Freiberger Kreisamtmann Otto Leonhard Heubner (1812–1893), und das Revolutionsheer nach Freiberg. Das Denkmal für die Freiberger Maikämpfer von 1849, zu ihnen zählte auch der Hofkapellmeister Richard Wagner (1813–1883) und der russische Demokrat Michail Bakunin (1814–1876), steht auf dem ehemaligen Schloßplatz, heute Otto-Nuschke-Platz, wo sich einst die fortschrittlichen Kräfte der Stadt versammelten. Ein anderer Gedenkstein erinnert an die fast achtzig Jahre später durch Reichswehrgarden erschossenen Einwohner der Stadt am Postplatz. Er wurde zum ehrenden Gedenken in Platz der Oktoberopfer umbenannt. Am 27. Oktober 1923 fanden hier 29 unschuldige Menschen den Tod. Ihren Gräbern begegnen wir, als wir durch die Reihen des alten Donats-Friedhofs gehen. Er wurde im Pestjahr 1521 angelegt und weist noch viele altertümliche Grabmäler auf. In dieser zwielichtigen Morgenstunde finden wir auch die Grabsteine des Oberberghauptmanns Friedrich Wilhelm Heinrich von Trebra (1740 bis 1819) und der Professoren der Bergakademie Wilhelm August Lampadius (1772–1842), Carl Bernhard von Cotta (1809–1879), Carl Heinrich Adolf Ledebur (1837–1906), Franz Kögler (1882–1939) und Anton Lissner (1885–1970).

Zwischen Halsbach und *Halsbrücke* kehren wir unmittelbar ins Tal der Freiberger Mulde zurück und gelangen zu den Mundlöchern des »Verträgliche Gesellschaft-Stollens«, des Turmhofer Hilfsstollens, des Hauptstollenumbruchs und des 1384 zum ersten Mal erwähnten alten Fürstenstollens. Die ihnen entfließenden Grubenwässer wurden vom Roten Graben aufgenommen, der fast acht Kilometer mit geringem Gefälle am Hang entlangführt. Dieser Kunstgraben, eine der ältesten bergbaulichen Wasserhaltungsanlagen, verdankt seinen Namen sicherlich dem Eisenhydroxid, das sich im Grubenwasser rotbraun absetzt. Schon von weitem erblicken wir am Talhang von Halsbrücke das 1851 erbaute Treibehaus der Fundgrube »Oberes neues Geschrei«. Ihr Aufschlagwasser führte der Rote Graben einem Turbinengöpel zu. In 34 Meter Tiefe erreichte das Wasser dann den Schacht und trieb nochmals 30 Meter tiefer eine Turbine an. Jetzt beherrschen das Halsbrücker Muldental Produktionsanlagen des VEB Bergbau- und Hüttenkombinat »Albert Funk«, ein Betrieb, der sich mit der Gewinnung und Verarbeitung von Edelmetallen beschäftigt. Bereits 1612 stand hier ein Hüttenwerk. Die 1888/89 auf der jenseitigen Talhöhe erbaute »Hohe Esse«, mit 140 Metern seinerzeit der höchste Schornstein Europas, diente dem besseren Abzug des giftigen Hüttenrauchs. Direkt an der Freiberger Mulde haben sich auch Reste eines Kahnhebehauses erhalten. Heinz Ufer schreibt, daß es zu dem 1787–1808 angelegten, über fünf Kilometer langen Kanal gehört habe, auf dem bis 1868 das Erz der Grube »Churprinz« von Großschirma mit Kähnen zur Halsbrücker Hütte transportiert wurde.

1831 entstand in Großschirma die Dichtung vom »braven und treuen Bergmann«, der »Bergmannsgruß«. Da im 17. Jahrhundert die im Freiberger Revier zunehmende Tiefe der Gruben immer größere Mengen Aufschlagwasser zum Antreiben der Pumpensysteme erforderte, war 1684 die »kurfürstliche Stolln- und Röschenadministration« gebildet worden. Eines der wichtigsten der Wasserhaltung dienenden Bauwerke dieser Zeit war die um 1690 errichtete Altväterbrücke unterhalb von Halsbrücke.

Das Wasser wurde aus dem von Freiberg herabkommenden Münzbach entnommen, oberhalb seiner Mündung in die Mulde geleitet und schließlich in einem hölzernen Leitungssystem über die Altväterbrücke befördert, so daß die rechts der Freiberger Mulde liegenden Gruben St. Anna und Altväter versorgt werden konnten. Allein der Bau dieses das Muldental überspannenden Aquädukts kostete etwa 8000 Taler. Als die Vereinigung der Grubenfelder und die verbesserte Wasserhaltung im Jahre 1690 eine ungemein gewinnbringende Ausbeute verhieß, wurde den Gewerken das Prägen einer Medaille gestattet, weil »ein dergleichen Stück dem Freyberger Bergwerke zum sonderbaren Ruhm gereichen müsse«. Die Stempel dafür schuf der hochtalentierte Medailleur und »Münzeisenschneider« Martin Heinrich Omeis (1650–1703). Es entstand ein Meisterstück. Die früheste sächsische Ausbeuteprägung mit der Darstellung der in neun Bogen das Muldental überspringenden Altväterbrücke sowie der Über- und Untertageanlagen gehört zu den schönsten und eindrucksvollsten sächsischen Medaillen überhaupt. Nach dem Oehmeschen Gemälde von der Zwickauer Mulde bei Colditz wird durch diese Silbermedaille von 1690 nun auch der Bergbaulandschaft im Freiberger Muldental gedacht. Nur wenige Flüsse sind auf numismatischen Ausprägungen wiedergegeben.

Die Stadt *Siebenlehn* liegt westlich des tief eingeschnittenen Tales der Freiberger Mulde auf einer Hochfläche und dehnt sich bis zum Muldenhang. Der hier nach 1346 begonnene Silberbergbau führte zur planmäßigen Gründung der auf »sieben Lehen« fußenden Stadt im mittelsächsischen Bergland. 1388 ist sie als »offenes Städtchen und Markt« bezeugt, das anfangs zum markmeißnischen Amt Freiberg gehörte. Ging auch der Bergbau ab dem 17. Jahrhundert merklich zurück, so beeinträchtigte das ausnahmsweise nicht den Wohlstand der Siebenlehner Bürger.

Schon 1505 arbeitete das Bäckerhandwerk für die Märkte vieler Nachbarstädte und beherrschte zusammen mit dem Schuhmacherhandwerk, die 1783 fast ein Drittel der Bevölkerung ausmachten, das städtische Wirtschaftsleben. Daher auch der 1926 aufgestellte Marktbrunnen mit der Bronzeplastik eines Schusterjungen. Wenn zu Anfang des 19. Jahrhunderts die Schusterinnung auf 52 Wochenmärkten vertreten war, so standen ihr die Bäcker nicht nach. Sie buken einst die Strietzel, woraus der heute begehrte Dresdner Christstollen hervorgegangen ist.

Der nahe gelegene Zellwald und das bewaldete Muldental gaben zwei Siebenlehner Persönlichkeiten geistige oder künstlerische Anregung: Amalie Dietrich und Otto Altenkirch. Amalie Dietrich, geboren 1821 in Siebenlehn und gestorben 1891 in Rendsburg, erwarb sich hier das Fundament ihrer späteren naturwissenschaftlichen wie völkerkundlichen Sammlungstätigkeit, die sie im Auftrag des Hamburger Handelshauses Godefroy 1863 bis 1873 nach Australien und auf die Tonga-Inseln führte. Dort entdeckte sie neue Pflanzen sowie Tierarten. Später wirkte sie als Kustodin des Botanischen Museums in Hamburg. Der impressionistische Landschaftsmaler Otto Altenkirch hingegen war 1870 in Ziesar geboren, fand aber in der Muldenlandschaft bei Siebenlehn vielfältige Motive für sein künstlerisches Schaffen. Professor Altenkirch starb am 20. Juli 1945.

Siebenlehn und Nossen liegen inmitten des sächsischen Bezirksdreiecks. Die 403 Meter lange Brücke der Autobahn Dresden–Karl-Marx-Stadt überquert in 70 Meter Höhe bei Siebenlehn das Tal der Freiberger Mulde. Wir folgen der Mulde stromab und können bald die Muldenbrücke und die unregelmäßige Burganlage von *Nossen* erkennen. Wie die Burg, in der August der Starke 1716 die Gräfin Cosel gefangen hielt, auf der Felsnase in den Himmel ragt, erinnert uns sehr an eine Zeichnung Caspar David Friedrichs (1774 bis 1840). Besonders im Jahre 1799 hielt sich Friedrich in dieser Muldengegend auf und trieb Malstudien im einstigen Zisterzienser-Mönchskloster von *Altzella*.

Am 26. Februar 1162 erhielt Markgraf Otto von Meißen von Kaiser Barbarossa die Erlaubnis, an der »Milda orientalis« ein Kloster als Erbbegräbnis seines Hauses zu gründen. Daraufhin entstand im Tal der Freiberger Mulde, bis zur deutschen Eroberung 929 Südgrenze des Slawengaues Daleminzien, das Kloster »Marienzelle«; mit 275 Quadratkilometern Grundbesitz das bedeutendste von 82 Klöstern der Markgrafschaft Meißen. Erst ab 1281 taucht der Name »Altzella« auf, nachdem das gleichnamige Marienkloster »Neuzelle« bei Guben gegründet war. Es unterstand dem Mutterkloster Pforta bei Naumburg.

Das Konversenhaus ist das älteste Profangebäude Sachsens und steht auf der zentralen Denkmalliste unseres Landes. In ihm sorgten bis zu einhundertfünfzig Laienbrüder, die »Conversi«, für den wirtschaftlichen Ablauf im Klosterbereich. Dem eigentlichen Anliegen Otto von Meißens diente die Stiftskirche. Dreiundzwanzig Mitglieder des Hauses Wettin wurden hier beigesetzt, unter ihnen auch Markgraf Otto. 1787 ließ Kurfürst Friedrich August der Gerechte

durch Christian August Francke das klassizistische Mausoleum bauen und widmete es dem Andenken seiner Vorfahren.

Im Park, der zwischen 1805 und 1820 umgestaltet wurde, genießen wir die erholsamen, idyllischen Pfade. Die Romantik dieser Anlagen hat jene Maler inspiriert, die hier Motive suchten und fanden. Für Caspar David Friedrich war das Malen eines Friedhofes oder einer Ruine mehr als ein ehrfurchtgebietendes Memento mori. Es symbolisierte die Hoffnung auf ein neues Leben, wie überhaupt Visionen vom Jenseits in Verbindung mit der Landschaft der romantischen Auffassung des 19. Jahrhunderts eigen sind. Die vom christlichen Ethos her geprägte Vernunft und religiöses Gefühl stellten bei Friedrich eine Einheit dar, werden nicht schlechthin als fromme Übung, sondern als zukunftsgewisse sittliche Pflichterfüllung angesehen.

Auf unserem Weg zur Backstein-Ruine des Sommerrefektoriums gelangen wir an eine Stelle, von wo aus auch C. D. Friedrich das Mauerwerk für seine »Capelle im Walde« erblickt haben mag. Uns umgibt ein Hauch von Melancholie, die einst auch der Maler empfand und in dichterischen Aphorismen ausdrückte.

Döbeln erwuchs aus der ebenen Muldeninsel am Fuß einer deutschen Burg, die vom Kaiser 981 dem Kloster Memleben geschenkt wurde, 1015 ans Kloster Hersfeld gelangte und ab 1221 markgräflich-meißnischer Vogtsitz war. Die Stadt selbst wird nach 1200 entstanden sein und liegt in einem klimatisch begünstigten, weiten Talkessel der Freiberger Mulde 170 Meter über dem Meeresspiegel.

Als mittelsächsische Kreisstadt ist Döbeln heute das Zentrum eines Industrie-Agrar-Kreises und zählt fast 28 000 Einwohner. In dem von der Mulde eng umflossenen Stadtkern steht das Alte Amtshaus und die Pfarrkirche St. Nikolai. Letztere 1333 als frühgotische Basilika begonnen, hat ihren jetzigen Hallencharakter 1479 erhalten. Unter den bemerkenswerten Ausstattungsstücken befindet sich die 1599 geschaffene Kanzel von Meister Schatz aus der Zwickauer Muldenstadt Colditz.

Im Vorfeld der Reformation geschah es, daß 1508 der Dominikaner und päpstliche Ablaßprediger Johann Tetzel (1465–1519) in Döbeln einzog. Seinem »Kasten«, den er in der Jakobikirche aufgestellt hatte, entnahm er eine Unmenge jener berühmt-berüchtigten Ablaßzettel, für die er mit schriller Stimme verkündete: »Wenn das Geld im Kasten klingt, die Seele in den Himmel springt!« Dem Döbelner Amtmann war das nicht geheuer. Kurzerhand fragte er in Dresden an und erfuhr, daß dieser Mönch keine Genehmigung zum Ablaßhandel besaß. Daraufhin nahm er Tetzel das in Wahrheit für einen Kreuzzug des Deutschen Ritterordens gegen Rußland bestimmte Geld wieder ab. Der Ablaßprediger aber verließ »fluchend ... die Gegend und kam nie wieder« – nach Döbeln. Ansonsten war die Muldengegend für Tetzel sehr ertragreich. Acht Jahre danach trieb er nämlich sein Unwesen in Wurzen. Martin Luther, Ende April 1516 auf einer Visitationsreise, wurde in Grimma davon in Kenntnis gesetzt und erwiderte energisch: »Der Pauke schlage ich ein Loch!« Was er auch am 31. Oktober 1517 tat. Die sogenannte Leisniger Kastenordnung gilt seitdem als bemerkenswerter Versuch zur reformatorischen Neugestaltung des Gemeindelebens.

Wie es eine so fortschrittliche Gesinnung fast hundert Jahre später noch zum Hexenprozeß kommen lassen konnte, ist kaum zu glauben. Dennoch, alte Akten haben das »hochnotpeinliche Halsgericht« überliefert, Folter und Grauen preßten den tollsten Wahnwitz heraus, der in den Köpfen der damaligen Richter wucherte. Die große Viehweide an der Freiberger Mulde bei Leisnig war zum Richtplatz ausersehen. Rohe Henkersknechte ketteten die armen Opfer, eine Mutter mit ihren zwei Töchtern, an drei aufgerichtete Pfähle, schichteten Holz und Stroh auf und zündeten es an. Die Menschenmassen wichen schaudernd zurück als die Flammen auflohderten, während der Torgauer Scharfrichter Hans Stengler mit seinen Gehilfen um fünfzig Gulden reicher und »wohlgestimmt von dannen« zog. Als man tags darauf die Asche der vermeintlichen Hexen in die Mulde streute, wurde der Fluß zum stummen Zeugen einer erbärmlichen Bluttat.

Burg und Stadt *Leisnig*, beide ursprünglich auf dem langgezogenen Felsen steil über der Mulde an dem »Böhmischen Weg« Halle–Leipzig–Freiberg–Prag gegründet, begannen 1083 mit Wiprecht von Groitzsch überregionale Bedeutung zu erlangen. Man kann dieser Geschichte noch im Kreismuseum Burg Mildenstein nachspüren. Das, was aus Leisnigs Vergangenheit

heute noch wächst und gedeiht, sind die vielen Obstbäume. Dank ihrer Blütenpracht wird die Stadt jährlich für viele Natur- und Heimatfreunde zum beliebten Ausflugs- und Erholungsziel.

Schon seit dem 12. Jahrhundert galt das Leisniger Gebiet als vorzügliche Obstgegend des Meißner Landes. Historischen Berichten zufolge, übte bereits Benno von Meißen (1010–1107) großen Einfluß auf die Förderung des Obstanbaues aus. Nach dem Auflösen der Klöster waren es vor allem die Landesfürsten, die den Obstanbau förderten. Für kursächsische Lande galt das Gesetz vom 10. November 1700. Danach durfte ein Paar erst getraut werden, wenn der Bräutigam, »er sey gleich ein junger Geselle, oder Wittwer ... 6 junge Obstbäume gepfropft und gepflanzt« hatte. War die Hochzeit im Winter, mußte die Pflanzung nachgeholt werden. Auf diese Weise wurden von 1771 bis 1787 allein 591 784 »Hochzeitsbäume« in Sachsen aufgezogen. Ferner mußte in Leisnig von 1787 an jeder neue Bürger bei Erlangung seines Bürgerrechts entweder einen Obstbaum auf die »Kleine Viehweide« selbst pflanzen oder acht Groschen für einen zu pflanzenden zahlen. So kam der Muldenberg zu den Kirschbäumen und die Leisniger kamen zur »Stadt der Baumblüte«. Inzwischen hat sich der Obstbaumbestand erweitert, dehnen sich Obstplantagen bis nach Dürrweitzschen. Jährlich findet das auf alte Traditionen zurückgehende Leisniger Blütenfest statt. Ein Volksfest besonderer Art.

Abschließend sei noch des zuvor erwähnten Gelehrten Peter Apian gedacht. Als Sohn des Schuhmachers Bennewitz wurde er 1495 in Leisnig geboren. Eine Legende will wissen, daß Kaiser Karl V. die Stadt am 22. April 1547 auf seinem Durchzug in Richtung Mühlberg nicht niederbrennen ließ, als er erfuhr, daß das Vaterhaus seines Lehrers und Vertrauten hier stand. Leisnig ist auch der Geburtsort des weit über die Grenzen seiner Heimatstadt bekannt gewordenen Ludwig Würkert. Er wandte sich gegen junkerliche Reaktion und Spießbürgertum und trat für ein einiges Deutschland ein. Der 1800 Geborene zählt zu den Mitbegründern der Sozialdemokratischen Arbeiterpartei. Nach 1861 trat er vielfach als Volksredner in Erscheinung; zu seinen aufmerksamen Hörern gehörte vor allem August Bebel.

Die Dämmerung ist hereingebrochen. Im Zwielicht spiegelt sich das Wasser der Mulde zwischen Abend und Nacht . . .

»Abend wird es wieder, über Wald und Feld
säuselt Frieden nieder, und es ruht die Welt.«

Wem klingt beim Lesen dieser Zeilen Hoffmann von Fallerslebens nicht die schöne Melodie in den Ohren? Carl Ferdinand Adam hat sie komponiert, hier in Leisnig, wo er auch seinen Lebensabend am 23. Dezember 1867 für immer beschloß. Ein tüchtiger Mann, durch dessen Wirken Leisnig mit an erster Stelle unter den Musikstädten Sachsens stand. Im 20. Jahrhundert erreichte die Muldenstadt unter der Stabführung des Kantors und Kirchenmusikdirektors Franciscus Nagler ähnliche Ausstrahlungskraft.

An der Freiberger Mulde entlanggehend, breitet sich vor uns fruchtbares Auenland hin. Jenseits des Flusses steigt die Ebene sanft an, um sich westlich im langgestreckten Gelände des Thümmlitzwaldes zu verlieren. Hinter Tanndorf und Maaschwitz führt ein schmaler Pfad in unmittelbarer Stromnähe nach *Erlln*, dem kleinsten und letzten Dorf am Freiberger Muldenlauf. Abseits der großen Fernverkehrsstraße liegt das Dorf, eingebettet zwischen Thümmlitzwald und Freiberger Mulde, kurz bevor sich diese mit der Zwickauer Mulde vereinigt. Ein herrliches Fleckchen Erde für das empfindsame Gemüt! 1752 werden die »Erlenhäuser« zum ersten Mal genannt. Damals bestimmten nicht nur Viehhaltung und Heuernte den Tagesablauf, sondern mit dem Anbau von Flachs, Weben von Leinen und der Leinenbleicherei brachten es die Erllner sogar zu einer beachtlichen Tradition im Ort. Hermann Grimm berichtet in seinen »Wanderungen durch die Thäler beider Mulden«: »Einen großen Teil des Jahres findet man an dieser Stelle die in prachtvollem Grün prangenden Wiesen am Flusse zu einer Leinwandbleiche benutzt, nach welcher die Weber von 8–10 Stunden in der Runde ihre fertigen Gewebe schaffen. Ein fröhliches, lebensfrisches Bild entfaltet sich dann, wenn die geschäftigen jungen Burschen und Mädchen unter Necken und Kosen die langgestreckten Zeuge, die in allen Schattierungen, vom gelbgrau bis zum blendendsten Weiße, ausgebreitet liegen, benetzen. Immerwährend rauscht das Wasser in hohen Bogen, im Sonnenstrahle alle Regenbogenfarben spielend, auf die nimmersatte Leinwand nieder, zwischen welcher die frischgrünen Streifen des wuchernden Grases hervorstechen . . .«

Noch heute scheint das kleine Straßendorf mit seinen kaum vierzig Häusern und knapp hundert Einwohnern eine Welt für sich zu sein. Die Leute in Erlln haben auf dem Felde und in den Stallungen immer viel Arbeit, so ist das auf dem Lande. Jede Zeit hat ihre Aufgabe und jede Aufgabe ihren Zweck. Alles geschieht mit soviel Schlichtheit und Zufriedenheit.

Die vereinigte Mulde

»Es gibt Stellen auf Erden, denen eine gewisse natürliche Heiligkeit anhaftet . . . Auch die Orte, wo zwei Ströme zusammenfließen, um in gemeinsamem Lauf den allumfassenden Ozean zu suchen, haben etwas Weihevolles. Wer stünde nicht innerlich bewegt am Deutschen Eck bei Koblenz, wo Rhein und Mosel sich vereinen . . . Weit bescheidener ist der Punkt, an den ich heute meine Wandergesellen in der sächsischen Heimat führen will, und doch ist er mir vor vielen andern ehrwürdig, Groß-Sermuth, ein Dorf zwischen Colditz und Großbothen, bei dem die beiden Mulden – Milda occidentalis und Milda orientalis, wie sie in alten Urkunden heißen, oder wie wir jetzt sagen: die Zwickauer und die Freiberger Mulde – zusammenfließen.« Mit diesen Worten beginnt Otto Eduard Schmidt sein »Muldenländisches« in den »Kursächsischen Streifzügen« von 1912. Mit Lust, Liebe und großer Sachkenntnis durchwanderte Schmidt das Gebiet des einstigen Kursachsen, das viel größer war als das Königreich seiner Zeit. Viel verdanken wir ihm an Geschichte und Geschichten, Erfahrungen und Begebenheiten. In der Nacht der furchtbaren Zerstörung Dresdens, am 13. Februar 1945, ist Professor Schmidt mit Tausenden zusammen umgekommen.

Beeindruckt stehen wir in der Auenlandschaft, wo zwei wichtige Flußtäler einmünden in das sich nordwärts in Richtung Grimma öffnende dritte, das Tal der vereinigten Mulde. Genau an der Landspitze, die den Ort *Sermuth* trägt, fließen Zwickauer und Freiberger Mulde ineinander. Der Name des Dorfes Groß- und

Klein-Sermuth ist alt; er bildet eine Parallele zum Landschaftsnamen Serimunt an der Saalemündung. Hier sind schon vor- und frühgeschichtliche Kulturstufen durch kennzeichnende Befunde vertreten, die den Besiedlungsablauf im Gebiet beiderseits der Zwickauer und vereinigten Mulde belegen.

Die Sermuther Flur war schon im 6. Jahrhundert besiedelt. Das ursprüngliche Kleinsermuth bildete einen Rundling und lag direkt an der Mulde. Nach mehreren Bränden wurde im letzten Jahrhundert der größte Teil der abgebrannten Güter an der Straße nach Colditz neu errichtet. Das sich ehemals bis an den Thümmlitzwald erstreckende Gebiet nutzte man in früheren Jahren besonders als Weideland. Die Kleinsermuther Bauern brachten im zeitigen Frühjahr ihre Schafe mit einem Kahn über die Mulde auf die ausgedehnten fruchtbaren Muldenwiesen. Hier verblieben die Schäfer mit ihren Tieren bis zum Spätherbst. Die wichtigsten Erwerbsquellen waren im Ort von jeher Ackerbau und Viehzucht. Später kam noch das Korbmachergewerbe hinzu. Die Sermuther Hand-, Viertels- und Scheunenkörbe waren bald weit über das Dorf hinaus bekannt und begehrt. Erst als 1893 die von Christian Braun erbaute Pappenfabrik in der Eule stand, ging dort auch ein Teil der ländlichen Bevölkerung arbeiten, da es der nächstgelegene Betrieb war.

Ein buntes Treiben mag gewesen sein, als die Leipziger Poststraße um 1835 auch durch Sermuth führte und täglich Reisende zu Pferde oder in Kaleschen, hochbeladene zwei- und vierspännige Frachtwagen und zuweilen auch große Viehherden durchzogen. Nicht selten passierten sie hier die beiden Muldenfurten, um den Brückenzoll in Colditz zu umgehen. Schwierig erwies sich das nur, wenn der Strom über seine Ufer getreten war und das fruchtbare Lößland überschwemmte. Von den Hochwassern, die eh und je die Flußgebiete West- und Mittelsachsens heimsuchten, sind naturgemäß die Muldendörfer immer hart betroffen gewesen. So ereigneten sich gerade in Sermuth, das von der Zwickauer und Freiberger Mulde umflossen wird, viele Hochwasserkatastrophen. Der Chronist Heinrich Ferdinand Bellger berichtet von 1809: »Den 28. Januar. Brach das Eis, welches durch das Einfrieren bei hohem Wasserstande und der strengen Kälte eine sehr ansehnliche Stärke erlangt hatte, auf beiden

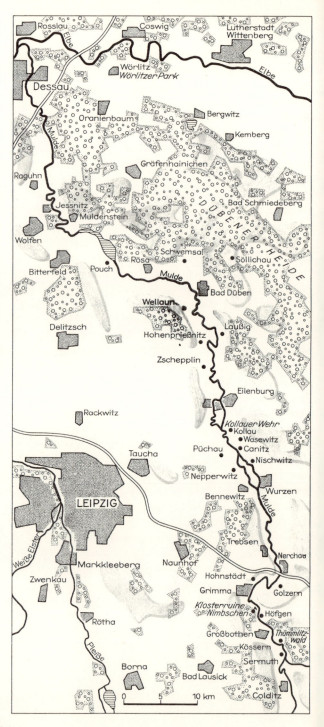

Mulden. Es schützte sich auf der Zwickauer Mulde bei dem Dorfe Großsermuth und auf der Freiberger bei Podelwitz, wodurch nicht allein die Dörfer Tanndorf, Maaschwitz, Podelwitz, die Erlhäuser, Groß- und Kleinsermuth gänzlich unter Wasser gesetzt wurden, sondern auch bei erstgedachter Mulde der Strom hierdurch seinen Gang durch das Dorf Großsermuth und bei letzterer rechts von den Erlhäusern, nach der Quastwiese und der Mühle von Kössern zu, nahm. Den 29sten Nachts gieng der Schutz bei Großsermuth und den 31sten Nachts der bei Podelwitz fort. Es wurden hierdurch nicht allein die Felder und Gärten genannter Ortschaften sehr verwüstet, sondern auch in Großsermuth ein Haus gänzlich eingestürzt, auch viere sehr stark beschädigt, und zu Kleinsermuth 7 Häuser mehr oder weniger ruinirt.«

In unserer Zeit hat die Stelle der Vereinigung beider Mulden wasserwirtschaftliche Bedeutung erlangt. Auf der Sermuther Landzunge ist vor dem Zusammenfluß ein Pumpenwerk errichtet worden, von dem seit 1962 täglich 150 000 Kubikmeter Wasser auf die Anhöhe bei Schönbach gepumpt werden. Eine Bodensenke dient als natürliches Ausgleichbecken. Zum Zwecke der Industriewasser-Versorgung gelangt das angestaute Muldenwasser von hier aus nach Böhlen und Espenhain, denn das Wasser der Pleiße kann den Bedarf der beiden Werke nicht mehr decken. Das Muldenwasser leistet heute der Industrie große Dienste.

Der *Thümmlitzwald* bildet einen reizvollen Rahmen der Muldenlandschaft. Von Natur aus war der etwa 1 300 Hektar umfassende Thümmlitz ein Laubwald mit Eichen, Buchen, Ahorn, Esche, Rüster, Hainbuche, Birke, Erle und Linde. Nur entlang der nach dem Muldental zu gelegenen Randhöhen gab es Nadelholzbestände, vor allem Kiefern. Nach der im 19. Jahrhundert begonnenen Aufforstung mit schnellwüchsigen Fichten und Kiefern änderte sich sein Naturbild. Aus forstwirtschaftlichen Gründen wird gegenwärtig erneut mit Laubgehölzen aufgeforstet, so daß der Thümmlitzwald in ungefähr einhundert Jahren wieder in seiner alten Bestockung steht.

In diesem Waldgebiet, das noch nicht so überlaufen ist, findet der Naturfreund im Schatten der Bäume eine artenreiche Bodenflora, Pflanzen wie Lerchensporn, Fingerhut, Lebermoos, Hirschzunge, Knabenkraut, Buschwindröschen, Akelei und Seidelbast. Hier kann man sogar Rehen oder Wildschweinen begegnen, die sich bis auf die Muldenwiesen und -felder herauswagen. Hin und wieder trifft man Hasen und Fasanen an. In früher Morgenstunde lauschten wir zahlreichen gefiederten Sängern, zu denen sich in der Abenddämmerung unweit des Erdmannsdorffschen Pavillons und auf den Franciscus-Nagler-Höhen auch die Nachtigall gesellte. Ringelnattern und Kreuzottern bevorzugen feuchtwarme Lebensräume. Sogar solch seltene Waldbewohner wie den Ziegenmelker oder die Nachtschwalbe entdeckten wir im Thümmlitz. Hinter Kössern gelangen wir an den bei Förstgen in die Mulde fließenden Thümmlitzbach, dem hier bedeutendsten Zufluß zur Mulde.

Am alten Fährhaus von Höfgen, wo Hochwassermarken mit Farbe auf die Wand gezeichnet sind und auf das wetterwendische Verhalten des sonst so friedlich dahinfließenden Stromes hinweisen, besteigen wir die Fähre, weit und breit die einzig noch betriebene. In einem an Kette und Seil laufenden Kahn, den die freundliche Fährfrau mittels Staken fortbewegt, setzen wir über die vereinigte Mulde ans Nimbschener Ufer. Von der großen »Fähreiche« bis zur Klosterruine Nimbschen führt der Weg durch ein Forstrevier, dessen alter Name Klosterholz lautet. Zu ihm gehörte einst ein Waldgebiet zwischen Großbardau und Schaddel sowie Großbothen und Grimma. Eine Gedenktafel im Inneren der Ruine des einstigen Refektoriums erinnert an Katharina von Bora (1499–1552). Ab 1509 hatte sie sich im Nimbschener Kloster der Zisterzienserinnen aufgehalten, aus dem sie in der Osternacht des Jahres 1523 mit acht weiteren Nonnen floh. Der Torgauer Ratsherr Leonhard Koppe war ihr dabei behilflich und brachte sie nach Wittenberg, wo sie zwei Jahre später den Reformator Dr. Martin Luther heiratete.

Eingebettet in eine flache Talweitung, durch die sich die Mulde schlängelt und an den Talrändern Prall- und Gleithänge geschaffen hat, liegt die Stadt *Grimma*, von der schon Philipp Melanchthon (1497–1560) an Camerarius schrieb, daß er im ganzen Meißner Lande nirgendwo lieber leben wollte, als in Grimma. Ähnlich lobte und beschrieb auch der gesellschaftskritische Schriftsteller Dr. Ferdinand Stolle (1806–1872) im

19. Jahrhundert den Ort. Der Anfang seines Gedichtes ziert, in Stein gemeißelt, ein Denkmal im Stadtwald von Grimma. Von hier kann man auf das gegenüberliegende Haus schauen, in dem Ferdinand Stolle bis 1854 wohnte. Das kleinbürgerliche Gepräge der Beamtenstadt – seit 1779 war Grimma Garnisonstadt – spiegeln auch die Romanfiguren von Stolles »Die deutschen Pickwickier« wider. Ferner war er der Mitbegründer der weitverbreiteten »Gartenlaube« und fungierte als Herausgeber des Wochenblattes »Der Volksbarbier«. Damit setzte Stolle eine humanistisch-progressive Tradition fort, die bereits der Buchhändler Georg Joachim Göschen (1752–1828) anstrebte, als er 1797 den Dichter Johann Gottfried Seume (1763–1810) als Korrektor in seine Verlagsdruckerei nach Grimma zog. Das Wohnhaus des Klassiker-Verlegers Göschen in Hohnstädt ist heute die bekannteste museale Gedenkstätte im Kreisgebiet. Ihre Expositionen nehmen hauptsächlich auf Göschen, Seume und die Freunde des Hauses wie Friedrich Schiller und Theodor Körner Bezug.

Zur Geschichte der Stadt sei vermerkt: Bald nach 1150 erbaute hier der Markgraf von Meißen eine Burg, um sich den wichtigen Muldenübergang der Straße nach seiner neuen Stadt Leipzig zu sichern. Das war auch nötig, da die Muldenübergänge von Püchau und Wurzen vom Bistum Meißen und der von Nerchau vom Erzbistum Magdeburg verwaltet wurden. 1220 wurde Grimma als civitas bezeichnet und gehörte im späten Mittelalter zu den großen und politisch bedeutenden Städten Sachsens. Grimmas Bürger erlebten auf Grund markgräflicher Privilegien und des Fernhandels zwischen 1300 und 1400 eine wirtschaftliche Blütezeit. Zu jener Zeit galt Grimma neben Leipzig als gleichwertige Kaufmanns- und Handelsstadt. Von der Bedeutung des Salzstapelrechts sowie Holzflößens auf der Mulde ist bereits gesprochen worden.

Nicht minder berühmt war die Fürstenschule St. Augustin. Aus ihr ging nächst Luther der größte evangelische Liederdichter Paul Gerhardt (1607–1676) und der Staatsrechtslehrer Samuel Pufendorf (1632–1694) hervor. Die Burg war Sitz eines landesherrlichen Amtes und noch im 16. Jahrhundert hielten die Wettiner hier Land- und Fürstentage.

Die Industrialisierung setzte nach dem Bau der Eisenbahnlinie Leipzig–Döbeln–Dresden 1866 und der Muldentalbahn 1877 ein. Aus dem Maschinen- und Apparatebau Grimma ist das Chemieanlagenbaukombinat Leipzig-Grimma hervorgegangen, Leitbetrieb für den Chemieanlagenbau der DDR. Nördlich von Grimma schwingt sich im weiten Bogen die von 1969 bis 1971 erbaute Brücke der Autobahn Leipzig–Dresden über das Muldental. Sie hat eine Länge von 340 Metern und ist 25 Meter hoch.

Als Naherholungsziel hat die Stadt auch für die Bewohner Leipzigs einen guten Ruf. Beliebt sind die schönen Flußauen der Mulde bei Höfgen und Nimbschen, der Stadtwald, Schlangengrund und Seumepark. Das günstige Mikroklima des Muldentales ermöglicht einen sicheren Ertrag sowie eine gute Qualität des Hopfens, der vom VEG Kloster Nimbschen angebaut wird.

Von der Mulde und ihrer Landschaft haben sich aus »grauer Vorzeit« auch viele sagenhafte Geschichten erhalten, sind geheimnisumwitterte Gestalten überliefert, die zu Wasser oder zu Lande, in Grotten, Höhlen oder Schlössern lebten und die Phantasie der Menschen anregten. Daß es in der Mulde Nixen gegeben haben soll, hat sogar Martin Luther in seinen Tischreden vom Satan und dessen Werk hervorgehoben. In Dr. Alfred Meiches »Sagenbuch des Königreichs Sachsen« läßt eine Sage einen männlichen Wassergeist, den Nix, muldenabwärts von Grimma bei Schloß Döben erscheinen. Dieses alte Schloß lag auf einem hohen, schroff von der Mulde aufsteigenden Felsen, an dessen Fuße ein schmaler Pfad, kaum für eine Person breit genug, nach der Golzener Mühle führte. Vor Zeiten hörten die Bewohner dort, der Muldennix zeige sich in Gestalt einer Bäuerin in altfränkischer Tracht, in schwarzer Schoßjacke und rotem Friesrocke, den Kopf mit einer schwarzen Haube bedeckt. Sie sitze an heißen Sommertagen gegen Abend auf dem Felsenpfade, die herabhängenden Beine im Wasser. Wenn sich aber jemand nähere, springe sie in die Mulde, die an dieser Stelle, ziemlich unter Schloß Döben, unergründlich tief ist und das versunkene Schloß des Muldennix auf ihrem Grunde bergen soll ...

Nachdem wir der vereinigten Mulde durchs Porphyrhügelland um Grimma gefolgt sind, kennzeichnen steile Talwände zwischen Dorna und Golzern den letzten Abschnitt dieser Landschaft. Zusammen mit dem westlich der Mulde liegenden Schafberg, der zwar nur 127 Meter hoch ist, bildet der 148 Meter hohe Wachtelberg vor Wurzen die nördlichste Engstelle an der Mulde. Auf der dünnen Bodenschicht über dem schwach verwitterten Gestein am West- und Nordhang gedeihen verschiedene Pflanzen, die trockene und warme Standorte bevorzugen, darunter die in Mitteleuropa seltene Echte oder Gemeine Küchenschelle. Am Wachtelberg ist ihr letztes natürliches Vorkommen in den drei sächsischen Bezirken. Gezielte Schutzmaßnahmen erhöhten den anfänglichen Bestand von 38 auf über 600 Stück.

Danach tritt der Fluß in die Auenlandschaft ein, die sich unterhalb von Wurzen in Richtung Eilenburg zunehmend verbreitert und bei Thallwitz etwa auf drei Kilometer ausdehnt.

Von *Nerchau* heißt es im Staats-, Post- und Zeitungslexikon von Robert Schumanns Vater: »Die Lage des Ortes ist vorzüglich anmutig. Hier mischen sich die anmutigen Ansichten einer freien, breiten Aue mit den Reizen eines engen felsigen, erhabene Ansichten gewährenden Tales; das mannigfaltigste Grün bedeckt in Nadel- und Laubholz, in Wiesen und Triften, in Saaten und Holzland die umstehenden Höhen, und die starken Krümmungen, welche der Fluß hier macht, erhöhen ebenfalls die Reize dieser interessanten Gegend . . .«

In *Wurzen* ist Johann Christian Schöttgen (1687 bis 1751) geboren. Die wichtigste geschichtliche Darstellung verfaßte dieser gelehrte Historiker, Theologe und Pädagoge mit seiner »Historie der Chur-Sächsischen Stifts-Stadt Wurzen«. Die kürzeste aber entsprang dem Volksmund, der von den Wanderburschen seit alters her zu sagen wußte: »Vor Wurzen wurd's'n schlecht, nach Wurzen wurd's'n besser!« Was soviel bedeuten sollte, daß es vor Wurzen nicht gerade »übermütig« aussah, aber allen, die in der alten Muldenstadt verweilten, ein »guter Mut beschert« wurde und sie wohlgemut weiterzogen. Ob daran das einst so gerühmte Wurzener Bier Anteil hatte, vermag ich nicht zu sagen. Vielleicht ist aber Johann Wolfgang von Goethe an diesem Spruch nicht ganz schuldlos. Denn wo heute die Muldenbrücke den Fluß überquert, befand sich ehemals ein recht malader Fährbetrieb, an den sich der alte Geheimrat sogar im Urfaust erinnert: »Bey

Wurzen ist's fatal, da muß man so lang auf die Fähre manchmal warthen.« Diese Fatalität ist gut verständlich. Immerhin wohnte ja Goethes ehemalige Jugendliebe Käthchen Schönkopf sechs Jahre in Wurzen. –

Die nach der deutschen Eroberung angelegte Stadt wurde im Jahre 961 mit ihrer Burg erstmals erwähnt. Der befestigte Platz lag am Muldenübergang der alten Handelsstraße, die als Hohe Straße oder via regia aus dem Rhein-Main-Gebiet nach Schlesien und Polen führte. Hier kreuzte sie die von Eilenburg kommende und am östlichen Muldenufer verlaufende Nord-Süd-Straße, der wir schon bei Leisnig begegnet sind.

1017 wurde der Muldenfluß sogar zur kirchlichen Grenze zwischen den Bistümern Merseburg und Meißen. Bischof Johann VI. von Salhausen verlegte 1489 seine Residenz von Meißen nach Wurzen und regierte sein Stiftsgebiet wie ein Renaissancefürst. Wirtschaftliche Erfolge blieben nicht aus: Er sorgte für die Tilgung des von seinem Vorgänger hinterlassenen Schuldenberges, die Bewirtschaftung der »wüsten Felder«, die Schafzucht im Vorwerk Pausitz und die Anlage neuer Fischteiche.

Auch im Bauwesen administrierte der Bischof tüchtig: 1491 bis 1497 ließ Johann von Salhausen das neue Schloß errichten sowie 1503/10 die jetzt als Dom bezeichnete Marienkirche erweitern. Seit der Leipziger Teilung von 1485 stand das Wurzener Stiftsterritorium unter gemeinsamer albertinisch-ernestinischer Verwaltung, was zu Spannungen führte. Aus den Rivalitäten beider wettinischer Linien resultierte schließlich 1542 der Wurzener »Fladenkrieg«. Am Palmsonntag besetzte Kurfürst Friedrich der Großmütige mit vierhundert Reitern die Stadt, um die bis dato von ihr verweigerten Hilfsgelder für den Türkenfeldzug zu erpressen. Herzog Moritz von Sachsen zog ebenfalls mit einem beträchtlichen Militäraufgebot heran, um wiederum sein Recht geltend zu machen. Wenn es zwischen den Vettern und ihrer Gefolgschaft letztlich nicht zum Kampf kam, so ist das dem gütlichen Vermitteln des Landgrafen Philipp von Hessen zu verdanken, der die Streitigkeiten schlichtete, so daß alle Soldaten abziehen und daheim die damals üblichen Osterfladen, eine Art Eier- bzw. Quarkkuchen, verzehren konnten.

Im Jahre 1581 dankte der letzte meißnische Bischof Johann IX. von Haugwitz ab; Domkapitel und Stadt wurden evangelisch und mit Rücksicht auf ihre reichs-rechtliche Stellung unter eine eigene Stiftsregierung gestellt. Erst 1818 ist die Stadt vollständig in den sächsischen Staat eingegliedert worden.

Ein seltenes Denkmal der Postgeschichte ist das 1734 entstandene Posttor. Mit seinem runden Torbogen und dem polnisch-litauischen und kursächsischen Wappen darüber erinnert es an die frühe Entwicklung der kursächsischen Verkehrsverhältnisse. Wie die Drei im Schlußstein des Tores besagt, ist Wurzen von Dresden aus nach Meißen und Oschatz die dritte Poststation auf der Hohen Straße nach Leipzig gewesen. Den Erfordernissen der Zeit folgend, führte die mittelalterliche Fernverkehrsader bald nicht mehr über die Wurzener Muldenfähre. 1830 vollendete man hier den ersten Brückenbau über die Mulde. Als sechs Jahre darauf mit dem Bau der Leipzig–Dresdner Eisenbahn, der zweiten Eisenbahnlinie und ersten Fernstrecke in Deutschland, begonnen wurde, führte diese durch Wurzen. Und als dann am 1. Juli 1877 der letzte Streckenabschnitt der schon erwähnten Muldentalbahn von Großbothen nach Wurzen eröffnet wurde – es war zu dieser Zeit der einzige Eisenbahnbau Sachsens, den noch eine Privatgesellschaft finanzierte – förderte das die Industrieentwicklung enorm. Wurzens Einwohnerzahl verdreifachte sich.

Die Umwandlung der alten Stadtmühle zu den großen Mühlenwerken der Krietsch-Aktiengesellschaft begann. Heute besitzt der VEB Nahrungsmittelkombinat »Albert Kuntz« die größten Mühlenanlagen in der DDR, wohl auch zwei der größten Silotürme, die mit ihren klotzig-protzigen 67 Metern Höhe jene Zeit symbolisieren. Wer sie am Ostrand der Leipziger Tieflandsbucht in Wurzens Silhouette erblickt, wird über dieses Wahrzeichen der Stadt nachdenklich werden. Die Arbeiter in den Betrieben wurden es schon früher, wie die ersten Bewegungen unter den Zigarrenmachern nach 1865 belegen. Sie gründeten eine »Kranken- und Unterstützungskasse« und schufen damit die erste Organisationsform der Wurzener Arbeiterschaft. Zwei Gasthöfe an der Muldenbrücke, »Tivoli« und »Schützenhaus«, waren um die Jahrhundertwende ein bekannter Arbeitertreffpunkt. Im »Tivoli« sprachen 1891 Wilhelm Liebknecht und 1893 Clara Zetkin; im »Schützenhaus« sprach 1904 August Bebel. 1903 entstand die Ortsgruppe der SPD und unter maßgeblicher Beteiligung von Albert Kuntz am 28. Juli 1919 die der Kommunistischen Partei Deutschlands.

Noch im April 1945 sprengten Faschisten die Muldenbrücken von Wurzen. Erneut bezog man den Fluß als Grenzverlauf ein. Die Mulde wurde zur Demarkationslinie zwischen sowjetischen und amerikanischen Armeeverbänden. An ihr setzte nachfolgend ein derart großer Flüchtlingsstau ein, daß Umsiedlungslager und Unterkünfte für etwa 150 000 Menschen nötig waren. Gemeinschaftsküchen gaben täglich bis zu achttausend Essen aus, und bis Februar 1946 registrierte man in den Wurzener Lagern über 300 000 Flüchtlinge.

1952 wurde Wurzen Kreisstadt.

In Wurzen geboren ist Magnus Lichtwer (1719 bis 1783), dessen 1747 in vier Bänden erschienene Fabeln wie die von Gellert, Lessing und La Fontaine zur Weltliteratur gehören. Auch die Wiege des Kabarettisten, Malers und satirischen Lyrikers Joachim Ringelnatz (1883–1934) stand in Wurzen. In seinem Geburtshaus am Crostigall 14 befindet sich unter anderem eine Ausstellung über Ringelnatz, der eigentlich Hans Bötticher hieß. In diesem Haus hat auch die seit über drei Jahrzehnten unermüdlich tätige Rundblick-Redaktion schöne Arbeitsräume erhalten.

Kaum bekannt ist, daß Familienmitglieder des Tondichters Richard Wagner (1813–1883) im Wurzener Land ansässig waren. Seine Vorfahren kamen mit dem Schulmeister Martin Wagner 1651 in diese Gegend. Gottlob Friedrich Wagner, der Großvater des Musikdramatikers, wurde am 18. Februar 1736 in Müglenz geboren und war das letzte Familienmitglied hierzulande.

Schloß- und Parkanlagen in der Muldenaue

Durch die Muldenaue zwischen Wurzen und Eilenburg fließt breit und gemächlich der Muldenlauf. Im Frühjahr und Sommer zeigen sich die saftigen Wiesenflächen mit einem schier unerschöpflichen Blumenflor übersät und gleichen einer von der Natur herrlich angelegten Parklandschaft, die an den Flußufern oder Altwasserschlingen von Busch- und Baumgruppen flankiert wird. Gewiß hat diese natürliche Anmut günstige

Voraussetzungen zu den Schloß- und Parkanlagen an der vereinigten Mulde gegeben. Während die Muldenauen hier wegen der häufigen Hochwasser kaum besiedelt sind, viele Orte reihen sich auf den höher gelegenen Auenrändern aneinander, ziehen sich die Parkanlagen bis in die Uferzonen der Mulde.

Unterhalb von Wurzen führt uns der Muldenstrom zum Gassendorf *Nischwitz*. Hier steht das mit einer schlichten Gedenktafel versehene Geburtshaus des am Muldentalbahnbau beteiligten Architekten und Kunsthistorikers Cornelius Gurlitt (1850–1938). Mit der »Beschreibenden Darstellung der älteren Bau- und Kunstdenkmäler des Königreiches Sachsen« hat der »Geheime Hofrat« Prof. Dr. phil. Gurlitt ein umfangreiches und bedeutendes kunstwissenschaftliches Nachschlagewerk geschaffen, das seinesgleichen sucht.

Der mit kurzen Seitenflügeln versehene zweigeschossige Barockbau des Nischwitzer Schlosses, in dem jetzt ein Pflegeheim untergebracht ist, wurde 1745 bis 1750 im Auftrag des damaligen kursächsischen Staatsministers Heinrich Graf von Brühl (1700–1763) errichtet. Es war die letzte Schöpfung J. Ch. Knöffels. Im Gartensaal beeindrucken die gediegenen Stuckornamente, Wandgemälde und das Deckenfresko »Triumph der Venus«. Im Schloßgarten, ursprünglich dem Rokoko verpflichtet, genießen wir die malerischen Blicke auf die Mulde, deren Lauf mehrmals in die Gestaltung der Parkanlage mit einbezogen ist.

Nach Nischwitz muß unbedingt der kleine Ort *Canitz* erwähnt werden. Das Canitzer Wasserwerk, 1912 zur Versorgung von Leipzig errichtet, nimmt das Grundwasser von insgesamt 234 Brunnen auf. Über eine Steinbrücke, die über den Muldenstrom führt und auch von Fußgängern benutzt werden kann, gelangt das Wasser durch Drucksysteme nach Machern, von wo aus es mit eigenem Gefälle nach Leipzig fließt.

Dorf und Schloß *Thallwitz* gehörten einst zum Bistum Meißen. Der Renaissancebau des Schlosses geht auf das Jahr 1580 zurück. Fürst Heinrich XIV. Reuß jüngere Linie ließ ihn erweitern. Heute ist das Schloß Klinik für Kiefer- und Gesichtschirurgie. Ende des 18. Jahrhunderts blieb es lange Zeit herrenlos, so daß ein übler Verwalter sein Unwesen treiben konnte. Das Schösserhaus diente dem streitsüchtigen Steuereinnehmer Friderici als Wohnung. Er und sein Aktuar

Pauli peinigten die Lehensleute dieses Muldengebietes über alle Maßen. Die Sonnenuhr am Giebel des Hauses stammt noch aus jenen bösen Tagen des »Stiftszynikus« wie ihn die Leute nannten. Ländliche Stille liegt über dem Friedhof von Thallwitz, auf dem kein Name mehr an den Unterdrücker erinnert und von dem die Leute sagen, daß er im Grab keine Ruhe finde.

Der Schloßpark – um 1700 regelmäßig angelegt – gehört zu den eindrucksvollsten Barockgärten des Bezirkes Leipzig. Seine Schönheit wird neben der Orangerie, den Blumenparterres und den Alleen am stärksten geprägt durch das Wasser. Die Bassins und Fontänen sind ein Herzstück der Anlage. Der weite Blick über grüne Rasenflächen, die guten Luftverhältnisse in den Waldquartieren – alles ist dazu angetan, Genesenden und Touristen nicht nur Freude an Kunst und Natur zu spenden, sondern auch Erholung und Entspannung.

Ganz in der Ferne sehen wir die Hohburger Berge. Wir gelangen wieder in die Niederung der Muldenaue. Erhaben ragen die Türme des Burgbergs von *Eilenburg* empor. Vergleichbar mit Wurzen, entstand inmitten des slawischen Burgwallgebietes die 961 erwähnte Burganlage Heinrichs I. zur unmittelbaren Absicherung des Muldenverlaufs. In ihrem Schutze gedieh die städtische Entwicklung auf der Muldeninsel, die überdies eine vom Merseburger Peterskloster ausgehende flämische Kolonisierung begünstigte.

Aus der Stadtgeschichte von Eilenburg hier nur einige ausgewählte Daten: Um politische Repressalien im albertinischen Leipzig zu umgehen, eröffnete der namhafte Herausgeber von Hutten- und Lutherschriften, Wolfgang Stöckel, 1523 eine Druckereifiliale im ernestinischen Eilenburg. Deshalb sind hier reformatorische Druckschriften wie »Die wittenbergische Nachtigall« von Hans Sachs ebenso herausgegeben worden wie fast sämtliche Streitschriften Thomas Müntzers. Daß 1581 in dieser Stadt auch Martin Rinckart, ein religiöser Liederdichter in der Zeit des Dreißigjährigen Krieges, geboren wurde, werden nur wenige wissen. Er schrieb eine Müntzer-Biographie und wirkte ab 1617 bis zu seinem Tode am 8. Dezember 1649 als Pfarrer in seiner Vaterstadt. Aus den Nöten des großen Krieges heraus dichtete der selbst leidgeprüfte Rinckart den Choral »Nun danket alle Gott«. Zusammen mit der Weise von Johann Crüger ist dieses

Lied von den evangelischen Christen in aller Welt wohl am meisten gesungen worden.

Beachtung verdient vor allem die industrielle Entwicklung. Seit Mitte des 19. Jahrhunderts waren Fabriken für Textilien, Möbel, Klaviere und Zelluloid entstanden, deren Arbeiter sich in der Mehrzahl genossenschaftlich zusammengeschlossen hatten.

Wilhelm Pieck konnte am 21. Oktober 1917 auf dem Eilenburger Bahnhof einem Militärtransport entkommen. Von hier aus schlug er sich bis nach Berlin durch und kämpfte innerhalb der Spartakusgruppe für die Beendigung des ersten Weltkrieges. Einem Gestapobericht zufolge, galt die Stadt 1934 als illegales Zentrum der KPD-Bezirksorganisation Halle-Merseburg.

Das Ende des zweiten Weltkrieges sollte sich für Eilenburg besonders schlimm auswirken. Durch schweren amerikanischen Artilleriebeschuß wurde die Innenstadt zu 95 Prozent zerstört. Bis 1957 dauerte der Wiederaufbau des Stadtkerns an. Aus der Nachkriegsgeschichte ist ein Datum von überregionaler Bedeutung: Am 12. Dezember 1959 wird Eilenburg der erste vollgenossenschaftliche Kreis in unserer Republik. Vor der demokratischen Verwaltungsreform gehörte die im Nordosten der Leipziger Tieflandsbucht beiderseits der Mulde gelegene Stadt Eilenburg noch zum Kreis Delitzsch.

Nur wenige Kilometer unterhalb von hier liegt am westlichen Steilufer der Mulde das Schloß von *Zschepplin*. Die einfach gegliederten Außenfronten lassen nicht ahnen, daß sich dahinter ein so stimmungsvoller Innenhof verbirgt. Volutengiebel, runde Treppentürme mit Glockenhauben und Arkaden beleben den quadratischen Hof. Eine schöne Kastanienallee führt in den tiefer gelegenen Schloßpark, der noch heute durch seinen reichen Baumbestand, die stillen Flächen toter Muldenarme und die weiten Auenwiesen Besucher anzieht. Unweit von hier, ebenfalls am Steilufer der Mulde, liegt Schloß *Hohenprießnitz*. Das ehemalige Besitztum der Grafen von Hohenthal besteht aus einer Dreiflügelanlage des 18. Jahrhunderts, die umgeben ist von einem wiederum bis in die Muldenaue reichenden Landschaftspark.

Im Gerichtszimmer auf der Burg *Düben* begannen 1532 die Kohlhaseschen Händel, die ganz Nordsachsen acht Jahre in Unruhe versetzten. Was war geschehen?

Auf der uns bekannten Hohen Straße nach Leipzig wurden dem zur Leipziger Messe ziehenden Bauer und Roßhändler Hans Kohlhase aus »Cölln an der Spree«, dem heutigen Berlin, zwei Zuchtpferde geraubt. Günther von Zaschwitz, Herr auf der Wasserburg Schnaditz bei Düben, hatte dem braven Händler am 1. Oktober 1532 im nahen Dorf Wellaune aufgelauert. Ein Gerichtstag in der Burg Düben verurteilte den adligen Räuber im Mai des darauffolgenden Jahres zum uneingeschränkten Schadenersatz. Als der Junker auf den Urteilsspruch nicht einging, focht Hans Kohlhase einen jahrelangen Kampf gegen den adligen Wegelagerer. Aber sein Kampf gegen feudale Willkür war und blieb in Sachsen wie Brandenburg aussichtslos. Heinrich von Kleist (1777–1811), der in seinen sprachlich meisterhaften Werken Menschen mit starken Gefühlen und Leidenschaften nachzeichnete, setzte diesem »außerordentlichen Manne, einem Charakter maßloser Tugend und strengsten Rechtsgefühls« ein literarisches Denkmal. Die zwischen 1806 und 1810 entstandene Novelle trägt den Titel »Michael Kohlhaas«. Nach Kleist hätte Kohlhase »als Muster eines guten Staatsbürgers« gelten können. Aber in seiner Verbitterung über das ihm widerfahrene Unrecht meinte er, nur noch Gleiches mit Gleichem vergelten zu können und raubte schließlich einen kurfürstlich-brandenburgischen Silbertransport aus. Daraufhin wurde Hans Kohlhase 1540 durch das Rad in Berlin »vom Leben zum Tode befördert«. Im mittleren Turmzimmer der Burg Düben sind mit Kalkmalereien die Ereignisse um den unerschrockenen Kämpfer für Gerechtigkeit dargestellt. Ansonsten dienen die Reste der ehemals umfangreichen Sumpfburganlage seit 1952 dem »Landschaftsmuseum der Dübener Heide«.

Im ursprünglichen Wassergürtel der Burg liegt die restaurierte letzte Schiffmühle der DDR. Schiffmühlen waren Wassermühlen, die das strömende Flußwasser zum Antrieb benötigten und schwimmend von einem Ort zum andern gebracht werden konnten. In ihnen wurde Getreide gemahlen. Einst bewegte die Strömung der Mulde ihr Schaufelrad, das sich zwischen dem Wellschiff und dem Hausschiff samt Mahlwerk befand. Beide Schiffe waren durch Balken miteinander verbunden. Strömendes Wasser war also für den Betrieb einer Schiffmühle sehr wichtig. Während die Elbe im

Mittellauf auf 5100 Meter Länge einen Meter Gefälle hat, beträgt das der Mulde zwischen Eilenburg und Bad Düben allein auf tausend Meter Luftlinie einen Meter Gefälle. Demzufolge hat die Mulde eine viel größere Strömungsenergie. Um 1800 gab es in diesem Flußbereich der Mulde noch Schiffmühlen in Zschepplin, Hohenprießnitz, Grüna, drei in Düben, eine am Fischhaus Schnaditz, in Löbnitz und Pouch. Zwei ihrer Art schwammen um 1900 noch bei Bad Düben auf der Mulde. Eine brannte später völlig nieder, die andere hätte nicht überdauert, wenn sie nicht Denkmalpfleger 1960 vor dem Zerfall gerettet hätten – ein einzigartiges technisches Denkmal unseres Landes. Noch heute erinnern Fluß-, Gebäude- oder Wegnamen an die frühere Existenz von Schiffmühlen. So zum Beispiel gibt es die Gaststätte »Schiffmühle« bei Grimma und die »Nitzschkaer Schiffmühle« bei Wurzen, und in Pouch die »Schiffmühlengasse«, die direkt zur Mulde führt.

Bad Düben ist eine alte Stadt, 981 erstmals schriftlich erwähnt von Bischof Thietmar von Merseburg in seiner Chronik. In unserer Zeit Moorbad und Kurort, ist die Stadt seit über fünfzig Jahren eine Stätte der Erholung und Genesung, das an der Reinharzer Straße liegende große Waldkrankenhaus ein Fachkrankenhaus für Orthopädie von nationalem Rang.

Von Bad Düben geht der Blick über die Muldenaue zum »Altenhof«, zu den Dörfern Schnaditz, Tiefensee, Wellaune und zur Prellheide an der Fernverkehrsstraße nach Leipzig. In dunstiger Ferne rauchen rechts der Mulde die Schornsteine der chemischen Werke von Bitterfeld. Unsere Muldenreise nähert sich dem Ende.

Mitten im Muldenstausee bei Pouch, Mühlbeck und Friedersdorf, der sich in seiner Ausdehnung mit dem Berliner Müggelsee messen kann, liegt eine Vogelschutzinsel. Obwohl das Wasser erst vor zehn Jahren bei der Verlegung des Muldenlaufs durch ein riesiges Tagebau-Restloch der Braunkohle angestaut wurde, sind bereits Kormorane, Graureiher und sogar der seltene Eisvogel auf dem kleinen Eiland heimisch.

Voraussetzung für solche Erfolge beim Schutz seltener Tiere ist eine umfassende Landschaftspflege. Ergebnisse dieser gezielten Schutzmaßnahmen sind auch daran erkennbar, daß sich etwa zehn bis zwölf Elbebiber wieder in der Auenlandschaft der unteren Mulde angesiedelt haben. Besonders eindrucksvoll sind die Biberburgen im Muldenaltwasser bei Mörtitz. Daß sich die Mühe um die Erhaltung und Pflege natürlicher Biotope lohnt, zeigen diese Beispiele. Bei *Dessau*, im Mündungsgebiet der vereinigten Mulde in die Elbe, wird das mehr als deutlich.

A. G. F. Rebmann schrieb 1795 in »Wanderungen und Kreuzzüge durch einen Theil Deutschlands«: »Sobald man das Dessauer Ländchen betritt, glaubt man in einen Garten zu kommen, die Natur hat sehr wenig gethan, aber die Kunst desto geschmackvoller nachgeholfen.« Gemeint sind der »Ostpark« und der »Westpark« des »Gartenreiches«. Der »Ostpark« umfaßt den Lustgarten am Dessauer Schloß, die Anlagen auf dem Stieglitzer Berg, das Luisium und den Wörlitzer Park. Der »Westpark« reichte über das Georgium und den Beckerbruch bis zum Großkühnauer Park. Das sogenannte Gartenreich entstand in dem etwa 30 Kilometer langen Landstrich der Elb- und Muldenaue um Dessau. Friedrich Wilhelm von Erdmannsdorff (1736–1800), ein Bahnbrecher der klassizistischen Baukunst, und Leopold Friedrich Franz von Anhalt-Dessau (1740 bis 1817) hatten beide versucht, das Herzogtum in einen blühenden Garten zu verwandeln, wollten das »Schöne mit dem Nützlichen« verbinden. Deiche und Alleen erschlossen ein weiträumiges Gebiet. Noch heute ist das Charakteristische der Dessau-Wörlitzer Parklandschaft die Verbindung zur Auenlandschaft, und seit 1978 soll ein Bauschutzzonenplan verhindern, daß die an den Park grenzenden Flächen bebaut werden. Günstig wäre aber auch ein Blick über diese Parkgrenzen. Im Mündungsgebiet der Mulde in die Elbe – einst zum vielgerühmten Dessauer Land gehörig – könnten sich entsprechende Pflegemaßnahmen mit Baumgruppen, Büschen, Wiesen und Feldern auf die Muldenlandschaft fördernd auswirken.

Die Mulde – uralter Strom. Unaufhaltsam strömt ihr Wasser zu Tale, rauschend Tag und Nacht. Ihre Täler wurden uns auf unseren Wanderungen und Fahrten ganz vertraut. Immer wieder aufs neue hat uns die wechselnde Flußlandschaft bezaubert.

Fließende Gewässer sind Lebensadern der Landschaft. Werden sie zerstört, wird auch die sie umgebende Landschaft sterben. Die Schönheit der Muldenlandschaft zu pflegen und zu erhalten, sollte deshalb eine der wichtigsten Aufgaben sein.

Habt ihr Erd' und Wasser so im Reinen,
Wird die Sonne gern durch Lüfte scheinen,
Wo sie, ihrer würdig aufgenommen,
Leben wirkt, dem Leben Heil und Frommen.

Johann Wolfgang von Goethe

Die Zwickauer Mulde

Seite 46/47: Die dahinströmende Mulde wird
für die Wildwasserkanuten aufgestaut

Seite 48: Altarbild von Fritz von Uhde
in der Martin-Luther-Kirche in Zwickau

Seite 49: Bierbrauerbrunnen, im Hintergrund die Katharinenkirche

SELIG SIND DIE DA HUNGERT UND
DÜRSTET NACH DER GERECHTIGKEIT
DENN SIE SOLLEN SATT WERDEN

KOMMET HER ZU MIR ALLE
DIE IHR MÜHSELIG UND BELADEN SEID
ICH WILL EUCH ERQUICKEN

Seite 70: Pfarrkirche in Wechselburg

Seite 71: In der romanischen Basilika in Wechselburg;
die Bildwerke des Lettners zählen
zu den bedeutendsten deutschen Kunstwerken des 13. Jahrhunderts

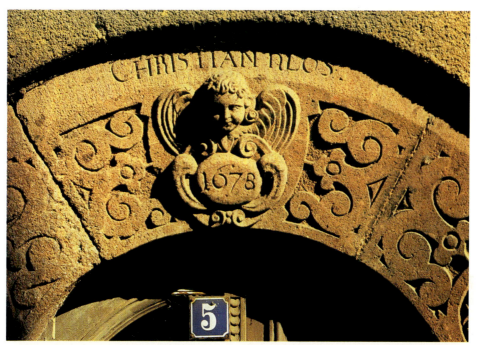

Seite 84: In weiten Bogen zieht die Mulde durch das sanfte Hügelland

Seite 85: Frühling am Muldenhang bei Hausdorf

Seite 86/87: Auf dem Kamm des Erzgebirges entspringt die Freiberger Mulde und bildet hier den Grenzbach zur ČSSR; als munterer Gebirgsbach nimmt sie ihren Lauf

Seite 88: Typische Streusiedlung Rechenberg-Bienenmühle am Oberlauf der Freiberger Mulde
In Mäandern schlängelt sie sich über die sanften Hänge

Seite 89: Die Mulde fließt vorbei an Clausnitz

Die Freiberger Mulde

Die vereinigte Mulde

Seite 130: Landwirtschaftliche Großanlagen bei Wurzen

Seite 131: Blick auf das Nahrungsmittelkombinat »Albert Kuntz«
mit den mächtigen Türmen

Seite 132: Der breite Muldenstrom bei Bennewitz
Muldenbrücke der Eisenbahn Leipzig–Dresden vor Wurzen

Seite 133: Die Altwasser der Mulde bieten ideale Lebensräume
für Pflanzen und Tiere

Seite 134: Schöne Bürgerhäuser in der Altstadt von Wurzen

Seite 135: Blick auf die Liegenbank, dahinter Schloß und Dom

Seite 136: Biberburg in der Mulde bei Kollau
Fußgängerbrücke über die Mulde bei Canitz/Püchau

Seite 137: Flußlandschaft bei Kollau

Seite 152: Die einzige Schiffmühle der DDR
steht im Bereich des Landschaftsmuseums Burg Düben

Seite 153: Windmühle bei Wellaune

Seite 154/155: Wegen der Braunkohlenförderung
wurde das Bett der Mulde verlegt